QUANFANGWEI JIANSHE MOFAN ZIZHIQU DUWU

# 全方位建设模范自治区
# 读 物

本书编写组

内蒙古人民出版社

## 图书在版编目（CIP）数据

全方位建设模范自治区读物 / 本书编写组编．
—呼和浩特：内蒙古人民出版社，2024.6. -- ISBN 978
-7-204-18134-6

Ⅰ．D672.6

中国国家版本馆 CIP 数据核字第 2024EK8834 号

### 全方位建设模范自治区读物

| | |
|---|---|
| 作　　者 | 本书编写组 |
| 责任编辑 | 王　静　王　曼 |
| 封面设计 | 宁荣刚　刘那日苏 |
| 出版发行 | 内蒙古人民出版社 |
| 地　　址 | 呼和浩特市新城区中山东路 8 号波士名人国际 B 座五层 |
| 网　　址 | http://www.impph.cn |
| 印　　刷 | 内蒙古恩科赛美好印刷有限公司 |
| 开　　本 | 710mm×1000mm　1/16 |
| 印　　张 | 13.5 |
| 字　　数 | 127 千 |
| 版　　次 | 2024 年 6 月第 1 版 |
| 印　　次 | 2024 年 6 月第 1 次印刷 |
| 书　　号 | ISBN 978-7-204-18134-6 |
| 定　　价 | 49.00 元 |

如出现印装质量问题，请与我社联系。
联系电话：（0471）3946230　3946120

# 前　言

内蒙古是我国最早成立的民族自治区、党的民族区域自治制度最早付诸实施的地方，具有民族团结的光荣传统，长期以来拥有模范自治区的崇高荣誉。建设好模范自治区是习近平总书记对内蒙古一以贯之的要求，他指出内蒙古"各族人民始终心向党、心向党中央，赢得并长期呵护了'模范自治区'的崇高荣誉"，嘱托内蒙古干部群众要"倍加珍惜荣誉，强化使命担当"，"在新时代继续保持模范自治区的崇高荣誉"。

为深入落实习近平总书记对内蒙古的重要指示精神，在新时代继续保持模范自治区的崇高荣誉，在中国式现代化建设中闯出新路，2023年7月，自治区党委十一届六次全会审议通过了《内蒙古自治区党委关于全方位建设模范自治区的决定》，提出"七个作模范"的要求。"七个作模范"每一项都是习近平总书记对内蒙古有关重要指示精神中最核心的要求，也都是内蒙古有条件、有能力、有责任作模范的领域。全区上下要拿出与全方位模范相匹配的作风和干劲，以饱满的精神状态和昂扬的奋进姿态推动各项事业发展。

为讲清讲透全方位建设模范自治区的丰富内涵、重要意义、实践要求，教育引导广大干部群众传承好内蒙古各族人民识大体、顾大局、讲风格、求奉献、有担当的宝贵品质，把模范体现到各个领域、各个方面，不断巩固和发展民族团结大局，自治区党委宣传部组织编写了《全方位建设模范自治区读物》。本书紧紧围绕"七个作模范"干什么、怎么干进行深入浅出的阐释说明，锚定模范的"坐标系"、把握模范的"高标准"、拿出作模范的"硬作风"，把模范体现在各个领域、各个方面，让"模范自治区"这块金字招牌在新时代更加熠熠生辉。

本书编写组

2024 年 6 月

# 目录 Contents

**内蒙古自治区党委关于全方位建设模范自治区的决定** ············ 1

**第一章 在感党恩听党话、紧跟习近平总书记奋进新征程上作模范** ············ 19

一、深切感悟习近平总书记对内蒙古的深情厚爱 ············ 21

二、内蒙古始终牢记"六句话的事实和道理" ············ 23

（一）内蒙古地区是中国共产党最早建立党组织的民族地区 ······ 24

（二）内蒙古自治区是在中共中央直接领导下建立的 ············ 25

（三）内蒙古是在党中央的支持下发展起来的 ············ 27

（四）内蒙古工作中出现的重大偏差都是党中央帮助纠正的 ······ 29

(五) 内蒙古新时代的发展成就是在习近平总书记亲切关怀和
　　　指引下取得的 ······················································· 32

(六) 内蒙古作为模范自治区模范就模范在听党的话上 ········· 34

三、不折不扣贯彻落实习近平总书记对内蒙古的殷切嘱托，
　　砥砺奋进新征程 ························································ 36

## 第二章　在铸牢中华民族共同体意识上作模范 ············ 41

一、深刻认识全面贯彻铸牢中华民族共同体意识主线的
　　极端重要性 ······························································ 43

二、深化铸牢中华民族共同体意识理论研究和宣传教育 ········ 46
　　(一) 深化铸牢中华民族共同体意识理论研究 ················· 46
　　(二) 深化铸牢中华民族共同体意识宣传教育 ················· 48

三、全面推进中华民族共有精神家园建设 ·························· 52
　　(一) 打响"北疆文化"品牌 ······································ 52
　　(二) 做好国家通用语言文字推广普及工作 ···················· 55

四、促进各民族广泛交往交流交融 ··································· 57
　　(一) 深化民族团结进步创建工作 ································ 58
　　(二) 坚持在法治轨道上治理民族事务 ·························· 61

## 第三章　在民族地区推进中国式现代化建设中作模范  65

### 一、牢记"国之大者"，把我国北方重要生态安全屏障构筑得牢不可破  67
（一）胸怀"国之大者"显担当  68
（二）开辟"生态优先、绿色发展"远大之路  71

### 二、坚持守土有责，把祖国北疆安全稳定屏障构筑得坚不可摧  73
（一）把维护国家政治安全摆在首位  73
（二）强化组织领导，形成平安内蒙古强大合力  74
（三）严格落实意识形态工作责任制  74
（四）严格落实安全生产工作责任制，防范化解重点领域风险  75

### 三、着眼于培优增效，把国家重要能源和战略资源基础建设得势强力足  77
（一）切实扛起保供重大政治责任  77
（二）国家重要能源和战略资源基地建设日新月异  78
（三）打造全国乃至国际新能源产业高地  79

### 四、着力提质增量，把国家重要农畜产品生产基地建设得量大质优  81
（一）为"中国饭碗"贡献内蒙古力量  81
（二）农牧业绿色高质量发展迈向新高度  82

## 五、坚持登高望远，把国家向北开放重要桥头堡打造得巍然蓬勃 ……… 85
### （一）国家战略通道作用日益增强 ……… 85
### （二）口岸经济发展实现新突破 ……… 86

## 六、推动经济转型升级 ……… 90
### （一）坚持"生态优先、绿色发展"导向 ……… 91
### （二）着力优化经济布局 ……… 92
### （三）深入推进"科技兴蒙"行动 ……… 94
### （四）鼓励和支持民营经济和民营企业发展壮大 ……… 96

# 第四章 在边疆民族地区走向共同富裕的道路上作模范 ……… 99

## 一、边疆民族地区在走向共同富裕的道路上不能掉队 ……… 101
### （一）共同富裕归根结底要实现全体人民共同富裕 ……… 101
### （二）内蒙古在走向共同富裕的道路上有较高的起点和良好的基础 ……… 103

## 二、让各族人民实实在在感受到推进共同富裕在行动、在身边 ……… 103
### （一）多措并举增加城乡居民收入 ……… 104
### （二）办好人民满意的教育 ……… 109

（三）推动优质医疗资源扩容下沉…………………………… 112

（四）发展养老事业，落实老有所养………………………… 114

（五）健全完善社会保障体系………………………………… 118

# 第五章　在兴边稳边固边上作模范…………………………… 125

## 一、兴边稳边固边是内蒙古责无旁贷的政治责任……………… 127

## 二、加快推进边境地区建设……………………………………… 130

（一）巩固党政军警民合力强边固防局面…………………… 130

（二）巩固发展新时代军政军民团结………………………… 132

（三）着力解决边境地区人口"空心化"问题……………… 135

（四）实现边境防卫管控人防、物防、技防相结合………… 136

（五）提高沿边地区基本公共服务和重大基础设施保障水平… 139

（六）提升兴边富民行动效能………………………………… 141

## 三、着力提升基层治理体系和治理能力现代化水平…………… 142

（一）健全基层党组织领导基层治理的工作体系…………… 143

（二）推进市域社会治理现代化……………………………… 146

（三）坚持和发展新时代"枫桥经验"，全面推行信访代办制… 149

## 第六章　在边疆地区联通国内国际双循环上作模范 ············ 153

### 一、内蒙古在联通国内国际双循环中的优势条件和良好基础 ······ 155
（一）优势条件 ························································ 155
（二）良好基础 ························································ 156

### 二、推进思想大解放和观念大更新 ································ 160
（一）树立争创一流、赶超争先的雄心壮志 ···················· 160
（二）摒弃七种不合时宜的思想观念 ······························ 161
（三）强化四个重要理念 ············································· 164

### 三、更好融入国内国际双循环 ····································· 165
（一）全面深化国内区域合作 ······································· 165
（二）积极参与共建"一带一路" ··································· 172

### 四、全面优化营商环境 ·············································· 174
（一）深化"放管服"改革 ·········································· 175
（二）做好尊商亲商、安商便商工作 ······························ 177
（三）紧紧盯住"卡脖子"的基础设施短板 ······················ 178

## 第七章　在弘扬新风正气上作模范 ································ 181

### 一、弘扬新风正气是我们各项事业发展的重要保障 ············ 183

## 二、以好作风奋进新征程 ... 185
### （一）大兴务实之风 ... 185
### （二）弘扬清廉之风 ... 188
### （三）养成俭朴之风 ... 189

## 三、大力弘扬蒙古马精神和"三北精神" ... 191

## 四、以好形象建功新时代 ... 194
### （一）全面树立内蒙古壮美和美善美、可信可亲可爱的良好形象，进一步提升内蒙古的美誉度和影响力 ... 195
### （二）全方位宣传展示内蒙古的比较优势、特色品牌、发展成就，进一步增强内蒙古的知名度和吸引力 ... 198

# 后记 ... 203

# 内蒙古自治区党委关于全方位建设模范自治区的决定

（2023年7月5日中国共产党内蒙古自治区第十一届委员会第六次全体会议通过）

为全面贯彻党的二十大精神，深入落实习近平总书记对内蒙古的重要指示精神，在新时代继续保持模范自治区的崇高荣誉，在中国式现代化建设中闯出新路，就全方位建设模范自治区作出如下决定。

## 一、在感党恩听党话、紧跟习近平总书记奋进新征程上作模范

内蒙古自治区作为模范自治区，模范就模范在听党的话上。必须传承好心向党、心向党中央的红色基因，教育引导广大党员、干部、群众更加深刻领悟"两个确立"的决定性意义，更加自觉增强"四个意识"、坚定"四个自信"、做到"两个维护"。

（一）始终同以习近平同志为核心的党中央保持高度一

致。不断完善、严格落实"两个维护"的制度机制,坚决听从党中央号令、服从党中央指挥,坚决纠正贯彻落实党中央决策部署中的温差、落差、偏差,切实做到党中央提倡的坚决响应、党中央决定的坚决照办、党中央禁止的坚决不做。坚持不懈用习近平新时代中国特色社会主义思想凝心铸魂,开展好学习贯彻习近平新时代中国特色社会主义思想主题教育,健全用党的创新理论常态化武装党员、教育群众制度机制。传承好内蒙古各族人民识大体、顾大局、讲风格、求奉献、有担当的宝贵品质,只要是党中央部署的、国家需要的就坚决做、马上办、抓到位,一切服从大局、服务大局、维护大局。

（二）不折不扣贯彻落实习近平总书记对内蒙古的重要指示要求。组织党员、干部持续深入学习领会精神实质和实践要求,加强面向全社会的宣传教育,引导全区上下深切感悟习近平总书记对内蒙古的深情厚爱,深刻理解习近平总书记为内蒙古擘画的发展蓝图、制定的行动纲领,坚定不移沿着习近平总书记指引的方向前行。坚持整体理解把握、一体贯彻落实,知行合一地抓好组织实施,确保条条落实、件件落地、事事见效。把贯彻落实情况作为巡视巡察、督促检查的重要内容,健全任务分工、督办落实、定期报告、检查通报、跟踪问效、监督问责等全链条工作机制,经常对标对表,及时校正偏差,坚决反对和纠治装样子、讲条件、打折扣、做选择、搞变通的行为。

（三）教育引导各族人民更加由衷地感党恩、听党话、跟党走。结合学习贯彻习近平新时代中国特色社会主义思想主题教育，深入开展"感党恩、听党话、跟党走"群众教育实践活动，用好一本辅导书、一本发展账、一张惠民卡、一套学生思政讲义、一张现代化发展蓝图、一批红色文艺精品等载体，教育引导广大干部群众牢牢铭记"五句话"的事实和道理：内蒙古地区是中国共产党最早建立党组织的民族地区，内蒙古自治区是在中共中央直接领导下建立的，内蒙古是在党中央的支持下发展起来的，内蒙古工作中出现的重大偏差都是党中央帮助纠正的，内蒙古作为模范自治区模范就模范在听党的话上。推动群众教育实践活动常态长效开展，深化党在内蒙古地区历史的研究阐释，举办各行各业先进模范人物感党恩事迹报告会，大力宣传习近平总书记和党中央对内蒙古的关怀与支持，深植厚培忠诚维护、感恩奋进的情感之基和力量之源，使内蒙古各族人民发自内心地感恩党，感恩党中央、感恩习近平总书记。

## 二、在铸牢中华民族共同体意识上作模范

深入学习贯彻习近平总书记关于加强和改进民族工作的

重要思想、习近平总书记关于铸牢中华民族共同体意识的重要论述，正确把握共同性和差异性、中华民族共同体意识和各民族意识、中华文化和各民族文化、物质和精神的关系，有形有感有效、久久为功做好各项工作，全面创建铸牢中华民族共同体意识示范区。

（四）把铸牢中华民族共同体意识贯穿于各项工作之中。始终牢记铸牢中华民族共同体意识是新时代党的民族工作的主线也是民族地区各项工作的主线，推动经济建设、政治建设、文化建设、社会建设、生态文明建设和党的建设等都紧紧围绕、毫不偏离这条主线，做任何工作、办任何事情都赋予其彰显中华民族共同体意识的意义，既"管肚子"又"管脑子"，既做看得见、摸得着的工作也做大量"润物细无声"的事情，既抓当前又抓长远。健全法规政策前置审核、备案审查工作机制，出台法规规章、制定政策性文件都以铸牢中华民族共同体意识为基本前提，都着眼于强化中华民族共同性、增强中华民族共同体意识。

（五）深化铸牢中华民族共同体意识理论研究和宣传教育。完善铸牢中华民族共同体意识理论研究学科体系、学术体系、话语体系，实施内蒙古中华民族共同体建设研究工程（2023—2027年），设立铸牢中华民族共同体意识研究院，推动铸牢中华民族共同体意识研究基地扩容、提质、增效。

坚持以社会主义核心价值观为引领，完善铸牢中华民族共同体意识宣传教育常态化机制，将铸牢中华民族共同体意识纳入干部教育、党员教育、国民教育、社会教育。坚持从青少年教育抓起，推动铸牢中华民族共同体意识教育进各级各类学校、融进所有课堂。

（六）推进中华民族共有精神家园建设。着眼传承发展中华优秀传统文化、推动中华民族现代文明建设，充分挖掘和生动展现内蒙古大地上的厚重历史文化和丰富人文资源，融红色文化和草原文化、农耕文化、黄河文化、长城文化等于一体，打造以各民族交往交流交融、守望相助、共同弘扬蒙古马精神和"三北精神"、铸牢中华民族共同体意识为基本内容的"北疆文化"品牌，教育引导各族群众牢固树立正确的国家观、历史观、民族观、文化观、宗教观。加强中华民族史研究宣传教育，完成《中华民族交往交流交融史料汇编·内蒙古卷》编纂工作，增强各族人民对中华文明的正确认知和历史自信。坚定不移全面推行使用国家统编教材，进一步建强教师队伍、丰富教学资源、创新办学模式、提高教学质量，确保各民族青少年掌握和使用好国家通用语言文字；实施国家通用语言文字普及提升工程和推普助力乡村振兴计划，在民族地区推广普及国家通用语言文字上作表率。科学保护各民族语言文字，尊重和保障少数民族语言文字学习和使用。准确把握中华文化是主干、各民族文化是枝叶的关系，树立和突出各民族共有共享的中华文化符号和中华民族形象，推动各民族文化在增强对中华文化认同的基础上创造性转化、创新性发展，坚决防止和纠正固化和强化差异性、削弱和危害共同性的问题，更好促进各民族人心归聚、精神相依。促进文化事业、文化产业繁荣发展，推动乌兰牧骑事业健康发展，更好满足各族群众精神文化需求。

（七）促进各民族广泛交往交流交融。深入实施各民族青少年交流计划、各族群众互嵌式发展计划、旅游促进各民族交往交流交融计划，不断拓展交往交流交融的广度和深度。深化民族团结进步创建，统筹城乡建设布局规划和公共服务资源配置，加强互嵌式社会结构和社区环境建设，创造更加完善的各族群众共居共学、共建共享、共事共乐的社会条件，促进各民族在理想、信念、情感、文化上的团结统一。坚持在法治轨道上治理民族事务，依法保障各族群众合法权益。深入研究总结党的民族政策在内蒙古的成功实践经验，加强民族工作领域制度系统集成，稳妥有序调整完善民族工作政策法规，使民族区域自治制度的理论根源越扎越深、实践根基越打越牢。

## 三、在民族地区推进中国式现代化建设中作模范

牢牢把握习近平总书记要求内蒙古"闯出新路"的战略目标，落实习近平总书记交给内蒙古的五大任务，为维护国家生态安全、能源安全、粮食安全、产业安全、边疆安全多作贡献。

（八）牢记"国之大者"，把我国北方重要生态安全屏障构筑得牢不可破。全力打好"三北"工程攻坚战，因地制宜、因害设防、分类施策，坚决打好黄河"几字弯"攻坚战、科尔沁和浑善达克两大沙地歼灭战、河西走廊——塔克拉玛干沙漠边缘阻击战，扛牢我国治理荒漠化主战场、防御沙尘暴主防线的责任。坚持科学治沙，推广库布其沙漠治理经验，推广磴口模式及光伏治沙模式等治理模式，创新机制调动好农牧民、企业等各方参与治沙的积极性。办好库布其国际沙漠论坛，讲好中国防沙治沙故事。坚持以水定绿、以水定地、以水定人、以水定产，突出"降水耗"导向，着力解决大水漫灌、地下水超采等问题。统筹山水林田湖草沙综合治理，精心组织实施京津风沙源治理等重点工程，加强生态保护红线管理，落实退耕还林还草、退牧还草、草畜平衡、禁牧休牧，强化天然林保护和水土保持，推行草原森林河流湖泊湿地休养生

息，完善自然资源监管体系，加强"一湖两海"等水生态综合治理，加强大气、水、土壤污染防治，在祖国北疆构筑起万里绿色长城。

（九）坚持守土尽责，把祖国北疆安全稳定屏障构筑得坚不可摧。把维护国家政治安全摆在首位，严密防范、坚决打击境内外敌对势力的渗透破坏活动。严格落实意识形态工作责任制，深化网络社会综合治理。深刻吸取重大安全事故教训，严格落实安全生产责任，完善安全监管机制。强化社会治安整体防控。统筹抓好经济、文化、社会、生态等各领域风险防控工作，积极稳妥化解地方政府债务、地方金融机构、房地产风险隐患，坚决守住不发生区域性、系统性风险的底线。推进新一轮深化法治领域改革。

（十）着眼培优增效，把国家重要能源和战略资源基地建设得势强劲足。坚持把发展现代能源经济作为重中之重，充分释放国家"矿藏粮仓"潜能。紧抓快干推进新能源大规模开发利用，加快实施新能源倍增行动，加快推进新能源大基地、装备制造基地和电力外送通道建设，统筹布局源网荷储，转变开发利用方式，拓展应用场景，提升消纳能力，推动新能源全产业链发展。加强煤炭清洁高效利用，保障煤炭安全供应，大力发展煤基新材料及精细化工产业。加快推进"稀土＋"协同创新，加强稀土资源保护性开发、高质化利用、规范化管理，做大做强稀土应用产业链，打造全国最大的稀土新材料基地和全球领先的稀土应用基地。加快落实国家新一轮找矿突破战略行动，加大战略性矿产增储上产力度。

（十一）着力提质增量，把国家重要农畜产品生产基地建设得量大质优。持续做好"地、水、种和粮、肉、奶"的文章，不断扩大数量、提高质量、增加产量，努力打造国家的重要"粮仓"。稳步优化农牧业区域布局和生产结构，狠抓种业振兴，大力发展节水农业、生态农牧业，全面加强高标准农田建设，打造若干特色农畜产品产业带，形成更多专业化、规模化的产业集群。抓好农畜产品精深加工和绿色有机品牌打造，促进一二三产业融合发展，让更多"蒙字号"农畜产品走进大市场、卖上好价钱。健全完善农企利益联结机制，积极推进"三变"改革。

（十二）坚持登高望远，把国家向北开放重要桥头堡打造得巍然蓬勃。深度参与中蒙俄经济走廊建设，科学统筹通道、口岸和平台规划建设，持续提升各类开放平台功能作用。明确重点口岸功能定位，完善配套基础设施功能，提升智能化水平，增强口岸承载能力和集疏运能力。大力发展泛口岸经济，推动中欧班列扩容提质，积极培育外向型产业，推动"经济通道"向"通道经济"转变，推动"过路经济"向"落地经济"转型，促进口岸和腹地联动发展。深化与俄罗斯、蒙古国有关方面在教育、医疗、科技、生态等领域的合作，加强民间交往交流。

（十三）推动经济转型升级。完整、准确、全面贯彻新发展理念，积极服务和融入新发展格局，全力做大经济总量、提高发展质量。坚持生态优先、绿色发展导向，完善绿色低碳政策和市场体系，建立健全生态产品价值实现机制，积极推进区域碳中和市场建设，加快生态产业化和产业生态化步伐，持续打通绿水青山就是金山银山的理念转化通道，全力推进经济社会发展全面绿色转型。着力优化经济布局，围绕人口布局进一步优化区域布局、城镇布局、产业布局、基础设施布局以及生态建设布局，构建规范有序、张弛有度、循环通畅、充满活力的发展格局。加快优化产业结构，立足能源产业优势、战略资源优势、农牧业优势，大力发展优势特色产业，因地制宜发展战略性新兴产业和先进制造业，推动有色金属产业高质量发展，积极发展数字经济和现代服务业，做优做强文旅产业，提升产业体系高端化、智能化、绿色化水平，探索资源型地区转型发展新路径，加快构建体现内蒙古特色优势的现代化产业体系。强化科技和人才支撑，深入推进"科技兴蒙"行动，加强创新平台建设，实施更加积极、更加开放、更加有效的人才政策，推动创新链产业链资金链人才链深度融合。加强政银企合作，用足用好各类金融政策，推动金融更好服务实体经济。加快补齐发展短板弱项，着力恢复和扩大消费，增强国有企业效益和活力，鼓励和支持民营经济和民营企业发展壮大。出台支持蒙东地区高质量发展政策性文件，推进蒙东承接产业转移示范区建设。加快理顺开发区管理体制和运行机制，提高产业集约集聚发展水平。

## 四、在边疆民族地区走向共同富裕的道路上作模范

深入践行以人民为中心的发展思想，补齐民生短板，增进民生福祉，让各族人民实实在在感受到推进共同富裕在行动、在身边。

（十四）多措并举增加城乡居民收入。全面落实就业优先政策，完善重点群体就业支持政策体系，精准有效实施减负稳岗扩就业各项政策措施，强化就业兜底帮扶。完善创业政策，优化创业环境，鼓励和支持更多劳动者成为创业者。健全工资合理增长机制、最低工资标准调整机制和工资支付保障机制，动态做好"清欠"工作。学习推广"千万工程"经验，推进乡村全面振兴，大力发展设施农业和舍饲圈养，改善牧区生产生活条件，促进农牧民持续稳定增收。改进和完善以工代赈、筹资投劳、生产奖补、劳务补助等机制，让群众以更加强烈的主人翁意识积极参与资源开发、农田水利、

城镇建设、防沙治沙等各项建设。

（十五）办好教育医疗养老事业。坚持教育优先发展，在组织领导、发展规划、资源保障、经费投入上加大力度，着力缩小教育的城乡、区域、校际、群体差距，推动各级各类教育协调发展，积极推进数字教育，围绕经济社会发展所需培育更多高素质人才。推动优质医疗资源扩容和区域均衡布局，加强县级医院综合能力建设，推广"互联网＋医疗健康"，完善分级诊疗制度，提升基层医疗卫生服务能力，确保群众看得了病、看得起病。大力发展养老事业和养老产业，完善社区适老化改造，发展符合农村牧区实际的乡村养老服务，健全养老社会化服务体系，针对不同老年人群体分类提供养老保障、生活照料、康复照护、社会救助等适宜服务，推动实现全体老年人享有基本养老服务。

（十六）健全完善社会保障体系。推动参保扩面，积极推进社保关系转移接续。精准落实各项救助政策，加大群众突发性、紧迫性、临时性基本生活困难救助力度，加强农村牧区留守儿童、妇女、老人以及城市困难群众关爱服务，实现困难人群帮扶救助全覆盖。巩固拓展脱贫攻坚成果，健全防止返贫监测机制，坚决守住不发生规模性返贫底线。完善生育支持政策体系，减轻家庭生育养育教育负担，推动建设生育友好型社会。

## 五、在兴边稳边固边上作模范

坚持强边、安边、固边、富边、睦边一体推进，促进边境繁荣发展、边民团结幸福、边防安全稳固，坚决守好祖国"北大门"、首都"护城河"。

（十七）加快推进边境地区建设。巩固党政军警民合力强边固防局面，提高边境防卫管控能力。加强国防教育，深化双拥共建，促进军政军民团结。着力解决边境地区人口"空心化"问题，研究出台差异化和精准化的补贴政策。推进"数字边防"、"智慧边防"建设，实现人防、物防、技防有机结合。深入实施"水电路讯"基础设施军地一体化建设三年行动，提高沿边地区基本公共服务和重大基础设施保障水平。扶持边境旗市优势特色产业发展，推进兴边富民行动中心城镇建设。

（十八）着力提升基层治理体系和治理能力现代化水平。健全基层党组织领导基层治理的工作体系，规范苏木乡镇、嘎查村两级组织运行，完善网格化管理、精细化服务、信息化支撑的基层治理平台。实施培育发展社区治理多元主体工程。加强社区社会工作专业人才和志愿者队伍建设，健全社区工作者权责清单和薪酬保障机制。推进市域社会治理现代化，推广运用"多多评"等智能治理平台模式。坚持和发展新时代"枫桥经验"，深化发展"浦江经验"，大力推行信访代办制，畅通和规范群众诉求表达、利益协调、权益保障通道。

## 六、在边疆地区联通国内国际双循环上作模范

主动服务国家对外开放战略，积极拓展国际交流合作和国内区域合作领域，着力提升开放层次和水平，把内蒙古打造成联通内外辐射周边、资源集聚集散、要素融汇融通的全域开放平台，在联通国内国际双循环中发挥更大作用。

（十九）推进思想大解放和观念大更新。引导各级干部树立世界眼光和国际视野，增强开放发展意识，跳出当地、跳出自然条件限制谋发展，在更大范围、更宽领域、更深层次上推进全方位开放，切实把区位优势转化为开放优势、发展优势。树立争创一流、赶超争先的雄心壮志，摒弃"我不如人"的念头、"发展不能太急了"的想法、"重过程不重结果"的意识、"没有成方不敢开药"的做法、"看眼前不看长远"的思维、"不讲细节、差不多就行"的心态、"重生产轻经营"的观念，强化"改错就是改革"、"理顺和健全体制机制就是解放和发展生产力"、"节约就是增长、就

是发展"、"深化区域合作也是开放"的理念，勇于开创性地推进事业发展。

（二十）更好融入国内国际双循环。深化国内区域合作，加强与京津冀、长三角、粤港澳大湾区和东三省的联通，积极承接先进产业转移，创新开展招商引资，推动区内产业链、创新链、供应链、价值链与全国大市场全面对接、深度融合。加强京蒙全方位协作，努力为首都提供更多的绿色能源和绿色农畜产品，积极吸引首都更多的资源和要素参与内蒙古开发建设。积极参与共建"一带一路"，推动对外开放向中亚、东北亚乃至欧洲和全世界拓展，在高水平对外开放中推动实现高质量发展。

（二十一）全面优化营商环境。深化"放管服"改革，推进涉案企业合规改革，激发和弘扬企业家精神，做好尊商亲商、安商便商工作，构建亲清政商关系，营造市场化、法治化、国际化营商环境。紧紧盯住"卡脖子"的基础设施短板，推进交通、物流等设施联网、补网、强链，不断完善跨省跨境、互联互通的基础设施网络。

## 七、在弘扬新风正气上作模范

深化落实全面从严治党战略部署，传承弘扬党的优良传统和作风，破立并举、综合施策，推动广大干部群众以永不懈怠的精神状态、一往无前的奋斗姿态投身中国式现代化的内蒙古实践，以好作风好形象奋进新征程、建功新时代。

（二十二）大兴务实之风。完善干部鼓励激励、容错纠错、能上能下等机制，大力推进"规范、精减、提速"，加快整治"三多三少三慢"问题，引导广大党员、干部特别是领导干部强化有解思维，增强报账意识、交卷意识、成果意识。健全为基层减负长效机制，持续解决文山会海、台账泛滥、过度留痕等形式主义、官僚主义突出问题。

（二十三）弘扬清廉之风。加强廉洁文化建设，教育引导广大党员、干部特别是领导干部牢固树立正确权力观、政绩观、事业观，着力破除特权思想和特权行为，筑牢思想防线，坚守法纪红线，永葆共产党人拒腐蚀、永不沾的政治本色。坚持一体推进"三不腐"，充分发挥以党内监督为主导促进各类监督贯通协调工作机制作用，持续抓好煤炭资源领域违规违法问题常态化治理，更加有力地遏制腐败增量、清除腐败存量。依法加强对资本的监管，规范资本行为。

（二十四）养成俭朴之风。坚持紧盯不放、露头就打，严防享乐主义、奢靡之风反弹回潮，筑牢贯彻落实中央八项规定及其实施细则精神的堤坝。坚持过紧日子，严肃财经纪律，严格执行自治区"三个强制锁定"和政府投资负面清单。牢固树立资源富集但一点儿也不能浪费的理念，深入实施全面节约战略，深化"五个大起底"，加快推进能源、矿产、土地、水、粮食以及行政、人力等社会资源全面节约，营造厉行节约、反对浪费的浓厚氛围。

（二十五）大力弘扬蒙古马精神和"三北精神"。深入挖掘"吃苦耐劳、一往无前、不达目的绝不罢休"和"艰苦奋斗、无私奉献、锲而不舍、久久为功"的内涵意蕴和时代价值，精心组织研讨交流、宣传宣讲活动，使其成为内蒙古人民最鲜明的精神标识。推动两种精神融入社会主义核心价值观教育，融入群众性精神文明创建等活动，更好转化为干部群众干事创业的强大动力。

（二十六）全面树立和展示内蒙古的良好形象。充分发挥主流媒体主阵地作用，全方位宣传展示内蒙古的比较优势、特色品牌、发展成就，宣传展示内蒙古人民热情、和善、诚信、肯干的鲜明特质，加强"北疆楷模"、道德模范、最美人物、"内蒙古好人"选树和宣传，把内蒙古壮美和美善美、可信可亲可爱的形象树起来，进一步提升内蒙古的美誉度和影响力。

全方位建设模范自治区是内蒙古必须办好的一件大事，是对模范自治区崇高荣誉更自觉、更有力、更持久的呵护。各级党委（党组）要加强组织领导、压实工作责任，各级领导干部要以身作则、率先垂范，引领带动广大党员、干部以逢山开路、遇水架桥的干劲打开发展新天地。保持只争朝夕的奋进姿态，说了就干、马上就办、办就办好，雷厉风行、快马加鞭跑出干事创业的加速度。坚持实干导向、实践标准、实绩依据，察实情、出实招、办实事、求实效，确保各项目标任务落实落细落到位。各地区各部门每年要作出工作计划，列出任务清单，全力推进落实，年底向自治区党委报告完成情况。

全区各级党组织和广大党员、干部要更加紧密地团结在以习近平同志为核心的党中央周围，带领全区各族人民群众牢记嘱托、感恩奋进，奋力书写中国式现代化的内蒙古新篇章！

## 第一章

# 在感党恩听党话、紧跟习近平总书记奋进新征程上作模范

## 习语金句

我国是统一的多民族国家,民族团结是各族人民的生命线。内蒙古具有民族团结的光荣传统,自治区成立70多年来,各族人民始终心向党、心向党中央,赢得并长期呵护了"模范自治区"的崇高荣誉。希望你们一如既往做好工作,让民族团结之花常开长盛,让边疆稳定常筑长固。

——习近平2018年3月5日在参加十三届全国人大一次会议内蒙古代表团审议时的讲话

# 第一章
在感党恩听党话、紧跟习近平总书记奋进新征程上作模范

70多年前，在解放战争的隆隆炮火声中，诞生了我国第一个省级民族自治区——内蒙古自治区。70多年来，内蒙古犹如一匹昂首奔腾的骏马，守望着祖国北疆。在党中央的坚强领导下，内蒙古各族干部群众前赴后继、艰苦奋斗、齐心协力、真抓实干，用强大的凝聚力、向心力和创造力，取得了辉煌的成就。踏上新征程，全区上下将更加坚定自觉地感党恩、听党话、跟党走，共同守卫祖国北疆，共同创造美好生活。

## 一、深切感悟习近平总书记对内蒙古的深情厚爱

习近平总书记始终牵挂内蒙古各族人民，高度重视内蒙古各项事业发展，2008年就曾讲到"我对内蒙古一直心向往之"，2009年表示"一直期望早一点到内蒙古来看一看"。2018年3月5日，习近平总书记在参加十三届全国人大一次会议内蒙古代表团审议时，对代表们说："我对内蒙古一直牵挂于心。""在选举十三届全国人大代表时，党中央提出，中央领导同志应选择老少边穷地区参加选举。我选择在内蒙古自治区参加选举，表达了党中央对民族边疆地区的重视，体现党中央加快推进欠发达地区发展、打赢脱贫攻坚战的决心。"习近平总书记到党中央工作后，先后4次到内蒙古考察，

6次参加全国人民代表大会内蒙古代表团审议，10次就内蒙古工作发表重要讲话，多次就内蒙古工作作出重要指示批示，提出把内蒙古建设成为"两个屏障""两个基地""一个桥头堡"，叮嘱内蒙古在新时代继续保持"模范自治区"的崇高荣誉。党的十八大、党的十九大、党的二十大后，习近平总书记到民族地区考察的第一站都是内蒙古，考察的足迹遍及驻区部队、城市社区、产业园区和工厂、农田、牧场、林场等，留下一幅幅感人画面和一个个温馨瞬间。

习近平总书记心贴心的关怀、面对面的指导，为内蒙古发展指明了前进方向、提供了根本遵循、坚定了必胜信心、鼓足了冲天干劲。

### 情牵北疆

2014年1月，习近平总书记到内蒙古看望慰问各族干部群众，第一站就来到兴安盟。习近平总书记来到阿尔山市伊尔施镇困难林业职工郭永财家中，察地窖，摸火墙，看年货，坐炕头，详细了解一家人的生活。他强调，我们党员干部都要有这样一个意识：只要还有一家一户乃至一个人没有解决基本生活问题，我们就不能安之若素；只要群众对幸福生活的憧憬还没有变成现实，我们就要毫不懈怠团结带领群众一起奋斗。

来源：《内蒙古日报》

## 二、内蒙古始终牢记"六句话的事实和道理"

心向党、心向党中央,是内蒙古各族人民的光荣传统。回顾党在内蒙古地区的历史,在革命、建设、改革各个历史时期,内蒙古各族人民不论面临多少困难和挑战,都丝毫没有动摇对党的热爱和忠诚。新民主主义革命时期,正是因为内蒙古各族人民听党话、跟党走,在中国共产党领导下,走上了民族区域自治的正确道路,开创了内蒙古发展的崭新历史。社会主义革命和建设时期,正是因为内蒙古各族人民听党话、跟党走,创造性地完成了民主改革和社会主义改造,使内蒙古的面貌发生了根本性改变。改革开放和社会主义现代化建设时期,正是因为内蒙古各族人民听党话、跟党走,聚精会神搞建设、一心一意谋发展,才有了内蒙古经济社会各项事业的快速发展。进入新时代,正是因为有习近平总书记的亲切关怀和党中央的大力支持,才有了内蒙古各族人民守望相助、感恩奋进,各项事业不断发展进步,并取得丰硕成果,北疆大地发生亮丽蝶变。

历史铭刻着最深沉的记忆,内蒙古自治区党委在加强对党在内蒙古地区历史研究和阐释的基础上,总结概括了"六句话的事实和道理",教育引导广大干部群众发自内心念党好,更加由衷感党恩、听党话、跟党走。

## （一）内蒙古地区是中国共产党最早建立党组织的民族地区

早在建党之初，党的主要创始人之一李大钊就直接领导和亲身参与了对内蒙古地区共产党员的培养，为内蒙古地区播撒了共产主义的火种。1923年初，李大钊介绍北京大学的内蒙古青年学生韩麟符加入中国共产党。4月，经韩麟符等人介绍，北京蒙藏学校的蒙古族学生荣耀先加入中国共产党，成为内蒙古地区第一位蒙古族共产党员。1923年秋，包括乌兰夫在内的30多名进步青年考入蒙藏学校。为及时引导这批来自祖国北疆的热血青年，李大钊和邓中夏、赵世炎多次到蒙藏学校宣传马克思主义，用真理的力量和共产党人的高尚品格感染了这些富有朝气的青年，激发了他们追求真理、寻求解放的强烈愿望，把他们引导到党领导的革命队伍中来。1923年冬，乌兰夫、奎璧、赵诚、佛鼎等人加入中国社会主义青年团（1925年1月改名为中国共产主义青年团）。后中共北方党组织在蒙藏学校成立了团支部。1924年下半年，多松年、李裕智、孟纯、佛鼎等人陆续转为中国共产党党员。随着蒙藏学校党员队伍的不断扩大，中共北方党组织在蒙藏学校建立了中共蒙藏学校支部，这是中国共产党历史上第一个由少数民族党员组成的党支部。1925 年，中共北方党组织抓住国共合作的机会，在热河、察哈尔、绥远、包头分别建立了中共热河特别区工作委员会、中共察哈尔特别区工作委员会、中共绥远特别区工作委员会和中共包头工作委员会，内蒙古成为最早建立党组织的民族地区。

蒙藏学校旧址

## （二）内蒙古自治区是在中共中央直接领导下建立的

习近平总书记深刻指出："中国共产党的领导是民族工作成功的根本保证，也是各民族大团结的根本保证。没有坚强有力的政治领导，一个多民族国家要实现团结统一是不可想象的。"回顾内蒙古自治区建立时的那段历史，在当时复杂的形势下，如果没有中国共产党的直接领导、正确领导，就没有内蒙古自治区的建立。

建立前夕，内蒙古地区的形势极为复杂，甚至面临从中国版图分裂出去的严重危险。当时各种政治力量在内蒙古地区展开角逐，有原伪蒙疆政权和伪满洲国的各级官吏，有部分蒙古族王公贵族，有投向国民党反动派的政治投机分子，有占领包头、归绥等地的国民党军队。各种势力都提出了自己的政治意图，其中还夹杂着"内蒙古高度自治""内蒙古独立""内外蒙合并"等错误主张，这些分裂中华民族、分裂多民族国家的错误主张

《内蒙自治报》对"毛主席、朱总司令电复内蒙古人民代表大会"的报道

一度甚嚣尘上。内蒙古走到了历史的十字路口。在决定前途命运的关键时刻，是中国共产党直接领导了内蒙古自治运动。党中央运筹帷幄，晋察冀中央局和中共中央西北局、东北局、西满分局、冀热辽分局在内蒙古都以不同方式做了大量工作，直接领导、指导、推动了内蒙古自治政府的建立。中国共产党通过加强政治引导、采取灵活策略，将在苏尼特右旗建立的"内蒙古人民共和国临时政府"、在兴安盟葛根庙建立的"东蒙古人民自治政府"、在海拉尔建立的"呼伦贝尔自治省政府"引向正确轨道，粉碎了一些政治势力"向外跑""搞独立"的图谋。在当时的历史条件下，内蒙古自治政府之所以能够建立，就是因为党中央在领导内蒙古自治运动过程中，适时制定指导方针，有效指挥军事行动，牢牢把握住对内蒙古地区自治运动的领导权和主动权。如今，内蒙古"五一会址"、集宁战役纪念馆中陈列着当年党中央发出的指示，珍藏着毛泽东、周恩来等领导同志亲笔起草的电报、信件，这些都是我们党直接领导内蒙古自治区建立的历史见证。

### （三）内蒙古是在党中央的支持下发展起来的

早在"一五"时期，国家在内蒙古投资建设工厂、修建铁路的基建资金就达 10 多亿元，包钢、一机、二机、大兴安岭森林工业基地都是那个时期开工建设的。进入 20 世纪 60

年代，国家又将沿海地区一批工厂迁入内蒙古。改革开放后，党中央对内蒙古经济建设和各项事业发展的支持力度不断加大。1996年，党中央、国务院确定由北京对口帮扶内蒙古。进入新世纪后，党中央将内蒙古相继纳入西部大开发和东北振兴国家战略政策实施范围；2011年，又专门出台《国务院关于进一步促进内蒙古经济社会又好又快发展的若干意见》。党的十八大以来，习近平总书记高度重视内蒙古的改革发展，

1959年包钢建设现场

亲自为内蒙古擘画发展蓝图、指引前进方向。2023年10月《国务院关于推动内蒙古高质量发展奋力书写中国式现代化新篇章的意见》印发，为内蒙古实现闯新路、进中游注入强大动力。据统计，分税制改革以来，从1995年至2023年，内蒙古累计获得中央转移支付资金3.489万亿元，特别是党的十八大以来，中央安排内蒙古的转移支付资金由2012年的1618.5亿元增加到2023年的3601.71亿元。2024年，中央财政年初预算安排内蒙古转移支付资金3041.54亿元，比2023年预算增加近46亿元。党的十八大以来，中央安排内蒙古的转移支付资金逐年增加，现在内蒙古每花10元钱，就有5.5元是中央给的，党中央对内蒙古的关怀都是"真金白银"的支持。

正是得益于党中央源源不断的支持，内蒙古从一穷二白走向了繁荣富裕，全区各族人民的生活从缺吃少穿迈向了全面小康。特别是党的十八大以来，在以习近平同志为核心的党中央关怀和支持下，内蒙古157万贫困人口全部脱贫、57个贫困旗县全部摘帽，全区人均GDP突破1万美元，经济社会各项事业发展迈上了新的历史台阶。

## （四）内蒙古工作中出现的重大偏差都是党中央帮助纠正的

内蒙古自治区建立以来，每当工作中出现重大偏差时，党中央都会及时给予指导，帮助内蒙古把脉定向、纠偏正向，而且每一次改正改进后内蒙古的工作都实现了新的重大进步。

  1947年11月，内蒙古共产党工作委员会和内蒙古自治政府开始在内蒙古解放区的农村地区开展土地改革工作。在土地改革初期，由于对农村情况研究得不够、把握得不准，内蒙古各地不同程度出现了"左"的倾向，错划了部分农民的成分，扩大了打击面。党中央敏锐察觉到内蒙古工作中的偏差，及时对土地改革工作政策和策略进行纠正、调整和完善，并在内蒙古解放区的农村地区普遍进行了一次土地改革复查纠偏工作，使土地改革工作得以有计划、有步骤地沿着正确轨道开展。在牧区开展民主改革之初，由于忽视了畜牧业经济的特点，一些地方按照农业区土地改革的方法简单地划分阶级、斗争牧主、平分牲畜，使畜牧业生产受到极大破坏。发现这个问题后，中共中央东北局高度重视，要求内蒙古必须团结大多数蒙古族群众，采取"慎重缓进"的方针。正是有了中共中央东北局的有力指导，内蒙古共产党工作委员会及时总结牧区民主改革中的经验教训，提出切合区情实际的"三不两利"政策，以一种比较和缓的方式打破了牧区落后的生产关系，充分调动了牧工和牧主双方的生产积极性，保证了牧区民主改革的顺利完成。"文化大革命"期间，内蒙古出现冤假错案，经济社会发展遭到严重破坏。后来在党中央的正确路线、方针、政策指引下，内蒙古按照实事求是、有错必纠的原则平反冤假错案、解决历史遗留问题。过去一个时期，内蒙古一些地方不顾财政承受能力盲目铺摊子、上项目，沉迷于走高负债保增长的路子，积累了大量风险隐患。2017年以来，习近平总书记多次就内蒙古政府债务问题作出重要指示，在关键时刻给内蒙古打了"清醒剂"、踩了"急刹车"。2020年，内蒙古在推行使用国家统编教材过程中出现了一些偏差，习近平总书记和党中央高度重视，及时帮助内蒙古纠偏正向。

内蒙古自治区党委全面对标对表习近平总书记关于加强和改进民族工作的重要思想，修订出台《内蒙古自治区实施〈中华人民共和国通用语言文字法〉办法》《内蒙古自治区教育条例》《内蒙古自治区促进民族团结进步条例》等一系列民族领域的政策法规，组织开展一系列民族团结进步教育活动，坚定不移地全面推行使用国家统编教材，研究推出一系列加强民族交往交流交融的务实举措，广泛促进各民族交往交流交融，推动内蒙古民族团结进步大局持续巩固，形成全区各族人民更加珍视大团结的良好局面。

内蒙古全面推行国家统编教材,确保各族青少年掌握和使用好国家通用语言文字

## (五)内蒙古新时代的发展成就是在习近平总书记亲切关怀和指引下取得的

党的十八大以来,以习近平同志为核心的党中央始终关心支持内蒙古建设,习近平总书记亲自为内蒙古擘画发展蓝图、制定行动纲领,党中央在深化东西部协作、共建"一带一路"、推进固边兴边富民行动等国家战略和规划中都将内蒙古纳入其中进行重点部署。2021年,习近平总书记在参加十三届全国人大四次会议内蒙古代表团审议时,明确提出将内蒙古"建设成为我国北方重要生态安全屏障、祖国北疆安全稳定屏障,建设国家重要能源和战略资源基地、农畜产品

生产基地,打造我国向北开放重要桥头堡"的战略定位,要求内蒙古在全面建设社会主义现代化国家新征程上书写发展新篇章。2023年,习近平总书记在内蒙古考察时又叮嘱我们"在建设'两个屏障'、'两个基地'、'一个桥头堡'上展现新作为"。五大任务是习近平总书记陆续提出并反复强调的,蕴含着习近平总书记对边疆民族地区发展的深邃思考,是内蒙古在推进中国式现代化进程中必须扛起的要责和重任。在习近平总书记的悉心指导和党中央的关心支持下,内蒙古拥有了多重叠加的政策优势,是全国唯一同时享有西部大开发、黄河流域生态保护和高质量发展、"三北"工程攻坚战等国家重大战略支持的省份,也是同时享有国家对欠发达地区、资源型地区、边疆地区、民族地区支持政策的省份。2023年10月,《国务院关于推动内蒙古高质量发展奋力书写中国式现代化新篇章的意见》重磅发布,推动内蒙古在建设"两个屏障""两个基地""一个桥头堡"上展现新作为,这是内蒙古切实提升保障国家生态、能源、粮食、产业和边疆安全功能,全方位建设模范自治区,服务保障全国高质量发展的重要支

《国务院关于推动内蒙古高质量发展奋力书写中国式现代化新篇章的意见》

撑。在习近平总书记的深切关怀和党中央的大力支持下,内蒙古各族人民牢记嘱托、感恩奋进,各项事业取得了历史性

成就，保持了经济发展、民族团结、社会稳定、边疆安宁的良好局面。

### （六）内蒙古作为模范自治区模范就模范在听党的话上

习近平总书记在参加十三届全国人大四次会议内蒙古代表团审议时指出："内蒙古作为我国最早成立的民族自治区，在促进民族团结上具有光荣传统，长期以来拥有'模范自治区'的崇高荣誉，要倍加珍惜、继续保持。"今天内蒙古各项事业的兴旺发达、各族群众的幸福安康，都是因为有党的领导，都是因为听党的话。内蒙古自治区作为模范自治区模范就模范在听党的话上。

在风雨如晦的革命年代，内蒙古各族人民自觉接受马克思主义，接受中国共产党的领导，与全国各族人民一起反抗侵略和压迫，追求国家解放和民族独立。在解放战争迎来大转折的历史关头，内蒙古各族人民坚定地选择跟党走，在党的领导下建立民族自治区。自治区成立后，内蒙古各族人民传承红色基因、发扬光荣传统，坚决响应党中央号召，积极服务国家发展大局。为建设包钢，白云鄂博的群众让出敖包圣山；为发展航天事业，额济纳旗的牧民三迁家园；三年困难时期，内蒙古向中央上缴了10亿余斤粮食，向兄弟省市支援了数万头耕畜，创造了"三千孤儿入内蒙"的民族团结历史佳话；20世纪90年代以来，内蒙古深入贯彻国家"西电东送"战略，全力推动"煤从空中走、电送北京城"，为保障北京乃至华北地区经济社会发展电力需求作出了重要贡献，各族干部群众形成了识大体、顾大局、讲风格、求奉献、有担当的深刻共识和宝贵品质。进入新时代，内蒙古在保障国家能源和战略资源安全、粮食安全中承担着重要责任，在服务和融入国家对外开放大局、促进共建"一带一路"中也发挥着特殊作用。在习近平总书记的亲切关怀和指引下，内蒙古各族人民坚定拥护"两个确立"、坚决做到"两个维护"，共同团结奋斗，共同繁荣发展，模范自治区的金字招牌越来越亮，高质量发展的路子越走越宽广。

内蒙古70多年的发展史用铁一般的事实证明：没有中国共产党的领导，就没有内蒙古自治区的建立，也不会有自治区建立以来的发展和今天的成就，不会有现在各族人民共同团结进步、共同繁荣发展的大好局面。这是历史的必然结论，也是现实的深刻启示。在前进的道路上，只有坚定不移团结在党的周围，始终一心一意听党话、坚定坚决跟党走，内蒙古才会有更加光明灿烂的前景。

## 三、不折不扣贯彻落实习近平总书记对内蒙古的殷切嘱托，砥砺奋进新征程

新征程上，我们始终同以习近平同志为核心的党中央保持高度一致。坚决维护习近平总书记党中央的核心、全党的核心地位，坚决维护党中央权威和集中统一领导，这是推动新时代中国特色社会主义不断发展前进的根本政治保证，也是做好内蒙古各项工作的根本政治前提。新征程上，我们坚持以习近平新时代中国特色社会主义思想为指导，坚持从政治上谋划、部署和推动工作。新征程上，内蒙古坚定地沿着习近平总书记指引的方向，在自治区党委坚强领导下，勇毅前行，用实干闯路、用奋斗作答，书写北疆大地的壮美画卷。

**奋进新征程，牢牢把握铸牢中华民族共同体意识工作主线。** 习近平总书记对内蒙古民族工作始终高度重视，在奋斗目标、工作主线、制度保障、工作理念、风险防范等方面都提出了重要指示要求。2023年6月，习近平总书记考察内蒙古时强调，"铸牢中华民族共同体意识是新时代党的民族工作的主线，也是民族地区各项工作的主线。"为全面推动贯彻铸牢中华民族共同体意识主线工作的不断

走深走实，更好推进全方位建设模范自治区，内蒙古自治区党委立足民族地区、边疆地区实际，深入研究贯彻铸牢中华民族共同体意识这条主线和各项工作的结合点、切入点、着力点，积极探索常态长效全面贯彻主线的有效路径，在深入调查研究、广泛听取意见的基础上，研究制定了《关于全面贯彻铸牢中华民族共同体意识主线的若干措施》（以下简称《若干措施》），从制度机制层面为内蒙古全面贯彻铸牢中华民族共同体意识主线夯基垒台、立柱架梁。《若干措施》全面对标习近平总书记重要指示精神，坚持守正创新，是全国首个全面贯彻铸牢中华民族共同体意识主线的文件，为内蒙古经济建设、政治建设、文化建设、社会建设、生态文明建设和党的建设等紧紧围绕、毫不偏离铸牢中华民族共同体意识主线提供了理论依据，充分彰显了模范自治区敢为人先、先行示范的责任与担当。新时代新征程，内蒙古广大党员干部必须深刻领会和把握铸牢中华民族共同体意识的主线要求，全面推进中华民族共有精神家园建设，积极促进各民族广泛交往交流交融，加快推动内蒙古地区现代化建设步伐，着力提升民族事务治理法治化水平，推动新时代党的民族工作高质量发展。

**奋进新征程，努力办好习近平总书记交给内蒙古的两件大事。** 五大任务、全方位建设模范自治区这两件大事是深化落实习近平总书记对内蒙古重要指示精神的统领性要求，是内蒙古在中国式现代化建设中闯新路的关键性抓手。2022年，内蒙古自治区党委制定五大任务实施方案；2023年，出台全方位建设模范自治区的决定，至此办好两件大事有了更为系统的战略谋划、更为完整的工作体系。此外，为了确保"一张蓝图绘到底"，内蒙古围绕办好两件大事开展专项立法。自治区人大常委会成立立法领导小组和工作专班，依法、积极、稳慎开展了条例的调研、起草、论证、征求意见、修改完善、集中审议等各项工作，推动出台了《内蒙古自治区全方位建设模范自治区促进条例》《内蒙古自治区建设我国北方重要生态安全屏障促进条例》《内蒙古自治区筑牢祖国北疆安全稳定屏障促进条例》《内蒙古自治区建设国家重要能源和战略资源基地促进条例》《内蒙古自治区建设国家重要农畜产品生产基地促进条例》《内蒙古自治区建设国家向北开放重要桥头堡促进条例》，为办好两件大事提供法治保障。各地区各部门单位聚焦聚力落实好习近平总书记和党中央赋予内蒙古的战略定位，把有关任务细化充实到具体任务中，以钉钉子精神抓好组织实施，确保条条落实、件件落地、事事见效。坚持日日做功、久久为功，全力以赴推动习近平总书记为内蒙古擘画的壮阔蓝图变成美

《内蒙古自治区全方位建设模范自治区促进条例》

好现实，更好担负起边疆民族地区在全面建设社会主义现代化国家进程中的重大责任和光荣使命。

**奋进新征程，凝心聚力"闯新路、进中游"**。内蒙古各级党组织和广大党员干部深入学习领会习近平新时代中国特色社会主义思想，特别是"内蒙古篇"，全面准确领会这一思想的丰富内涵、思想体系和实践要求，不断筑牢信仰之基、补足精神之钙、把稳思想之舵。引导广大党员干部及时跟进学习习近平总书记最新重要讲话精神和党中央决策部署，不断夯实忠诚核心、拥戴核心、维护核心的思想根基。健全用党的创新理论常态化武装党员、教育群众的制度机制，建立宣传习近平总书记和党中央对内蒙古人民的关怀、宣传党的恩情的工作机制，常态化开展"感党恩、听党话、跟党走"群众教育实践活动，教育引导各族干部群众牢牢铭记"六句话的事实和道理"，切实凝聚起"闯新路、进中游"的干事热情和强大合力。习近平总书记的殷殷嘱托、切切期望，如同明灯照亮前路，成为北疆儿女砥砺前行的航标。内蒙古深入学习贯彻习近平总书记重要讲话重要指示精神，深刻把握内蒙古在党和国家工作大局中的职责使命，牢记嘱托，以强烈的感恩之心、奋进之志，努力在中国式现代化建设中闯出新路。

**奋进新征程，不断谱写内蒙古高质量发展新篇章**。习近平总书记对内蒙古的重要指示精神，科学指明了新时代内蒙古推进现代化建设的前进方向、具体路径和实践要求，是习近平新时代中国特色社会主义思想的"内蒙古篇"。内蒙古各族干部群众持续在学懂弄通做实上下功夫，不断从中汲取感恩奋进的精神力量、挖掘做好工作的思路方法，以实际行动推动内蒙古各项事业始终沿着习近平总书记指引的方向前进。新征程上，内蒙古各族人民以蒙古马精神和"三北精神"凝心聚力，推动形成发展重质效、干事勇争先、工作尚落实的良性循环，切实提升保障国家生态、能源、粮食、产业和边疆安全功能，打造服务保障全国高质量发展的重要支撑，实现"闯新路、进中游"目标。全区上下不折不扣贯彻落实习近平总书记对内蒙古的重要指示精神，更加深刻领悟"两个确立"的决定性意义，把习近平总书记和党中央的关心关怀转化为干事创业的生动实践、转化为推动高质量发展的强劲动力，用实际行动践行"两个维护"，奋力书写中国式现代化内蒙古新篇章。

### 深度阅读

1. 中共内蒙古自治区委员会党史和文献研究室：《中国共产党内蒙古历史》（第一卷）1921—1949，中共党史出版社2021年版。

## 第二章

# 在铸牢中华民族共同体意识上作模范

## 习语金句

党的十八大以来，我们党强调中华民族大家庭、中华民族共同体、铸牢中华民族共同体意识、推进中华民族共同体建设等理念，鲜明提出把铸牢中华民族共同体意识作为新时代党的民族工作的主线、作为民族地区各项工作的主线，进一步拓展中国特色解决民族问题的正确道路，形成了党关于加强和改进民族工作的重要思想，开辟了马克思主义民族理论中国化时代化新境界，党的民族工作取得新的历史性成就。

——习近平2023年10月27日在中共中央政治局第九次集体学习时的讲话

## 第二章
在铸牢中华民族共同体意识上作模范

2023年6月,习近平总书记在内蒙古考察时指出,"铸牢中华民族共同体意识是新时代党的民族工作的主线,也是民族地区各项工作的主线。"这一重大论断闪耀着唯物辩证法的思想光芒,进一步丰富发展了马克思主义民族理论,标志着我们党对民族理论的创新、对民族政策的运用、对民族工作的认识达到了新的高度。新征程上,我们要把铸牢中华民族共同体意识贯穿到各项工作中,有形有感有效、久久为功做好各项工作。

## 一、深刻认识全面贯彻铸牢中华民族共同体意识主线的极端重要性

党的十八大以来,习近平总书记审古今之变、察时代之势,提出了"铸牢中华民族共同体意识"这一重大原创性论断,这是马克思主义民族理论中国化、时代化实践的生动体现,是基于中华民族的历史、现实、未来的理论创新,更是基于中国共产党百年民族工作的实践拓展,为新时代党的民族工作和民族地区各项工作确立了鲜明主线。习近平总书记在多个场合反复强调铸牢中华民族共同体意识,在2021年召开的中央民族工作会议上用"四个必然要求"深刻阐述了铸牢中华民族共同体意识的重大意义,并将其确定为"新时代党的

民族工作的主线",掀开了党的民族工作高质量发展的新篇章。2023年6月,习近平总书记在内蒙古考察时,首次提出铸牢中华民族共同体意识是新时代党的民族工作的主线,也是民族地区各项工作的主线。这一重大论断,对做好新时代民族地区工作具有定向引航的重要指导意义。

内蒙古自治区党委深刻认识到,全面贯彻这条主线对内蒙古走好中国特色解决民族问题正确道路、在中国式现代化建设中闯出新路具有特殊重大意义,要求广大党员干部,特别是各级领导干部切实提高政治站位,从坚定拥护"两个确立"、坚决做到"两个维护"的高度,从推进强国建设、实现中华民族复兴的高度,从完成好习近平总书记交给内蒙古的五大任务和全方位建设模范自治区两件大事、实现闯新路进中游目标的高度来把握这条主线、贯彻这条主线,始终做到想任何问题、作任何决策、干任何工作都紧紧围绕、毫不偏离这条主线来展开。

为了持续推进这项工作深入开展,内蒙古相继出台《内蒙古自治区党委关于全方位建设模范自治区的决定》《关于全面贯彻铸牢中华民族共同体意识主线的若干措施》(以下简称《若干措施》),全力把这条主线落实到内蒙古各项工作中。《若

《关于全面贯彻铸牢中华民族共同体意识主线的若干措施》

干措施》中明确了贯彻落实铸牢中华民族共同体意识主线的责任部门，明确规定各部门单位要把全面贯彻铸牢中华民族共同体意识主线写入"三定"规定，明确职能职责，明确专司机构，列入年度工作计划和要点。内蒙古自治区党委主要负责同志分批听取盟市和有关厅局全面贯彻主线的思路举措汇报，对贯彻铸牢中华民族共同体意识主线工作作出全面部署，把全面贯彻铸牢中华民族共同体意识主线融入全区各级经济社会发展规划，纳入党的建设和意识形态工作责任制，持续加强对各类规划和重大工程项目贯彻铸牢中华民族共同体意识主线的审核把关，加大对贯彻铸牢中华民族共同体意识主线重点任务的财政保障。赋予各级党委办公厅（室）负责各项工作贯穿铸牢中华民族共同体意识主线的职责，赋予各级党委统战部负责民族工作贯穿铸牢中华民族共同体意识主线的职责，初步建立起抓落实的责任体系和促融合的制度机制。将铸牢中华民族共同体意识植根各族群众心灵深处，成为行为准则和日常习惯。全区各地区各部门依据工作部署积极采取行动，在经济建设、政治建设、文化建设、

2024年6月13日内蒙古自治区党委办公厅在《内蒙古日报》发表《把铸牢中华民族共同体意识这条主线全面深入具体地贯彻到各项工作中》

社会建设、生态文明建设和党的建设等领域推开了一系列工作，营造贯彻铸牢中华民族共同体意识主线的浓厚氛围。

## 二、深化铸牢中华民族共同体意识理论研究和宣传教育

2023年10月,习近平总书记在中共中央政治局第九次集体学习时强调,"铸牢中华民族共同体意识,需要构建科学完备的中华民族共同体理论体系。""要大力宣传中华民族的历史,大力宣传中华民族共同体理论,大力宣传新时代党的民族工作取得的历史性成就,大力宣传中华民族同世界各国人民携手构建人类命运共同体的美好愿景。"

### (一)深化铸牢中华民族共同体意识理论研究

**加强顶层设计,高位推动,把加强理论研究和实践探索作为重大政治任务抓紧抓实。** 内蒙古自治区党委全面贯彻铸牢中华民族共同体意识是新时代党的民族工作和民族地区各项工作的主线要求,紧紧围绕高质量完成习近平总书记交给内蒙古的五大任务和全方位建设模范自治区两件大事,深入开展建设中华民族共同体内蒙古实践研究,深入阐释内蒙古各民族交往交流交融丰富史实。《若干措施》中强调,内蒙古自治区党委统战部要会同党委宣传部等部门单位推进中华民族共同体理论研究体系建设。各盟市围绕自治区党委工作

部署作出安排，为推动新时代民族工作高质量发展、全方位建设模范自治区提供理论支撑，营造浓厚氛围。

**不断健全机制，加强管理，以高水平基地建设推动铸牢中华民族共同体意识理论研究**。内蒙古进一步完善基地申报、管理、考核等工作机制，制定实施《内蒙古自治区铸牢中华民族共同体意识研究基地管理办法》，为基地围绕主线开展工作提供制度保障。内蒙古自治区党委宣传部、统战部、教育厅、民委等部门安排专项资金支持基地开展研究工作，指导基地开展中华民族共同体建设研究工程（2023—2027年），编纂《中华民族交往交流交融史料·内蒙古卷》，编写《内蒙古自治区铸牢中华民族共同体意识蓝皮书（2023）》，努力推动中华民族共同体研究不断走向深入。

**深化理论研究，结合实践，加强和壮大铸牢中华民族共同体意识智库建设和研究力量**。以铸牢中华民族共同体意识重大理论和基础性问题为研究导向，通过建设高端智库、设立专项课题、加强学术交流等形式，推动理论研究和成果转化，建立和完善铸牢中华民族共同体意识理论研究学科体系、学术体系、话语体系。

> **相关链接**
>
> 2023年,内蒙古自治区研究(培育)基地围绕铸牢中华民族共同体意识主线,举办和承办各类学术活动34次,立项铸牢中华民族共同体意识课题152项,研究出版著作41部,发表学术文章176篇,其中核心期刊99篇,获领导批示、采纳调研决策咨询报告34个。

## (二)深化铸牢中华民族共同体意识宣传教育

完善铸牢中华民族共同体意识常态化宣传机制,既做看得见、摸得着的工作,也做大量"润物细无声"的工作。内蒙古各地区各部门坚持"线上线下"相结合,依托全区户外大屏、"两微一端"滚动播放民族团结进步主题公益广告、高清海报,营造"民族团结一家亲"浓厚氛围。组建民族团结进步模范宣讲团,开展"民族政策宣传月""民族团结进步活动月""民族法治宣传周"主题活动,常态化宣传宣讲党的民族理论、民族政策和"我身边的民族团结进步故事",开展"点餐式"铸牢中华民族共同体意识教育理论宣讲。

**多措并举营造民族团结的浓厚氛围**。坚持用文化浸润民族团结,编印《"石榴籽"绘本丛书》,推出综艺三部曲《长城长》《黄河魂》《中华龙》,播出大型文博益智节目《馆长·

请亮宝》《根脉》，编创儿童舞台剧《国家的孩子》，均引发热烈反响。围绕主线推进社会文化建设，精心打造铸牢中华民族共同体意识主题公园、主题广场、主题雕塑等，让各族群众在休闲娱乐中加深对铸牢中华民族共同体意识的认识与理解。大力发挥典型示范的引领作用，选树都贵玛、廷·巴特尔、乌云苏依拉等一大批民族团结进步先进典型，推动典型事迹上电视上新闻、进公园广场和街道社区，形成家喻户晓、见贤思齐的社会环境。

《长城长》剧照

《国家的孩子》剧照

**构建铸牢中华民族共同体意识长效化教育机制，将铸牢中华民族共同体意识纳入干部教育、党员教育。** 把铸牢中华民族共同体意识作为党员干部教育培训必修课，将铸牢中华民族共同体意识列入党员干部学习计划和教育培训规划。《若干措施》中规定各级党校（行政学院）、干部学院、社会主义学院相关课程及培训内容比重不低于每学期总课时的 20%。通过系统的理论学习，引导广大党员干部在学懂弄通做实上下功夫。

**把铸牢中华民族共同体意识教育贯穿于国民教育全过程。**着力推进以铸牢中华民族共同体意识为主线的大中小学思政课一体化建设，分学段、全覆盖开展铸牢中华民族共同体意识教育。学前教育阶段实施"童语同音"计划，全面开设"立德育苗"课堂；义务教育阶段用好《中华民族大家庭》等教材，开展不少于 12 课时的民族团结进步专题教育；高中教育阶段全面开展"我对祖国深情告白"等活动，广泛开展"爱我中华"夏令营、冬令营等社会实践；高等教育阶段推动师生用好学好《中华民族共同体概论》等教材，实施高校"礼敬中华优秀传统文化"项目。同时，依托内蒙古的历史文化资源，组织"行走的思政课""红领巾寻访记""追寻足迹奋进北疆"等"大思政课"实践活动，打造《奋进吧！北疆少年》等体现北疆文化的育人品牌，引导大中小学生坚定不移感党恩、听党话、跟党走。

**把铸牢中华民族共同体意识融入社会教育各方面。**以传承中华文化、增强文化认同、厚植家国情怀、传播正能量为教育导向，采取老百姓喜闻乐见的形式，营造社会教育良好氛围。以乌兰牧骑为引领，开展"铸牢中华民族共同体意识乌兰牧骑演出万村行"等群众文化活动，将习近平总书记关于加强和改进民族工作的重要思想送到农村牧区、街道社区、企业学校、军营哨所。充分利用民族团结进步教育基地和各级各类博物馆、展览馆等场所，以实物展示、影像再现、情景还原、沉浸体验等多元表现方式，突出各民族共有共享的中华文化符号和形象，充分展示内蒙古铸牢中华民族共同体意识、建设中华民族共同体取得的丰硕成果。

通辽市开展大型群众文化活动宣传党的民族政策

## 三、全面推进中华民族共有精神家园建设

习近平总书记在 2021 年中央民族工作会议上指出,"必须构筑中华民族共有精神家园,使各民族人心归聚、精神相依,形成人心凝聚、团结奋进的强大精神纽带。"构筑中华民族共有精神家园,是习近平文化思想、习近平总书记关于加强和改进民族工作的重要思想的重要内容,是以铸牢中华民族共同体意识为主线加强内蒙古文化建设的重要举措。

### (一)打响"北疆文化"品牌

**着力构建北疆文化学术体系、话语体系,推动北疆文化在学理上立起来。**内蒙古自治区多部门加大推进力度,形成工作合力,举办北疆文化系列理论研讨会,设立专项课题,编写《蒙古马精神读物》《北疆文化研究系列——"三北精神"研究》《北疆文化研究系列——蒙古马精神研究》等书籍,打造新刊《北疆文化研究》,广泛邀请专家学者撰写系列理论研究文章,系统阐释北疆文化的丰富内涵、主要类型、基本特征和时代价值。

**精心打造文艺精品和文化活动,推动北疆文化在群众中热起来。**加强重点项目的创作生产,推出歌剧《江格尔》、

交响组曲《绿色长城》、歌舞剧《乌兰牧骑走边关——望远镜》等一批具有北疆风格的精品力作。开展一系列群众性文化活动,确保每月都有群众性文化活动开展。2023年,组织乌兰牧骑"送欢乐 送文明"活动,举办"舞动北疆"广场舞大赛、"唱响北疆"群众歌咏展演等,共组织各类文化活动4万余场次、下基层演出1.35万余场次。

深入开展乌兰牧骑"送欢乐 送文明"活动。图为锡林郭勒盟苏尼特右旗乌兰牧骑深入基层为广大牧民演出

**全方位开展宣传推广，凝聚社会共识。**设计推出北疆文化标识，使其有机融入群众性文化活动中，使北疆文化要素润物无声地走进群众日常生活。加强新闻媒体宣传，自治区媒体统一开设《弘扬北疆文化 赓续中华文脉》专栏，办好文化专版、专栏，大力宣传阐释北疆文化。截至2024年4月，内蒙古主要媒体通过《家园》《北国风光》《北疆文化·文物说》特刊等，刊播北疆文化报道2400余篇（条）。做好社会氛围营造，举办主题展览和各类赛事，建设文化长廊、文化墙、主题公园广场，营造浓厚的文化氛围。用好网络平台传播，通过草原云、奔腾融媒、"学习强国"内蒙古学习平台等网络媒体对北疆文化进行专题报道，对主流媒体产品

# 北疆文化标识发布

北疆文化标识

**本报4月7日讯 （记者 冯雪玉）** 4月7日，由自治区党委宣传部指导、内蒙古文联等单位组织设计、征集的北疆文化标识正式发布。

北疆文化标识设计征集工作开展以来，清华大学美术学院、北京师范大学艺术与传媒学院、内蒙古师范大学美术学院等一批专业团队参与方案设计，共征集到北疆文化标识设计方案234件。经专家多轮评审，清华大学美术学院设计的北疆文化标识最终获评。

北疆文化标识整体为红旗形态，主色调为红色，象征着党的领导下，内蒙古各族人民赓续红色血脉，传承红色基因。自左向右，标识前端为一个马头，后端是其飘动的鬃毛，视觉上呈现出一匹正在奔腾向前的蒙古马形象，象征着"吃苦耐劳、一往无前，不达目的绝不罢休"的蒙古马精神。红旗标识下端依次为长城、黄河"几字弯"和草原。长城黄河在内蒙古五次拥抱，承载着中华文明的灿烂辉煌，彰显着北疆大地上厚重历史文化和丰富人文资源。红旗指引的方向正是蒙古马奔腾向前的方向，象征着党的领导下，内蒙古各族人民守望相助，牢记嘱托，奋力书写中国式现代化内蒙古新篇章。标识右上方为"北疆文化"印章，着力展现中华优秀传统文化的内涵和气韵。

《内蒙古日报》对北疆文化标识发布的报道

加大全网传播力度，调度草原云平台联动旗县融媒体中心转发，扩增全网传播量。

**积极融入文化事业和文化产业，赋能产业发展。**推出体现北疆文化的文创产品，打造"我和草原有个约定"等公共区域文创品牌。借助区内外文博会等平台，设置"多彩内蒙古·北疆文化"展区，集中推介内蒙古文化资源、特色非遗、精美文创、美食美景、招商项目，推动"北疆文化"品牌走向全国。深入实施中华文明探源工程。跨省区推动长城联合保护、红山文化申遗，举办"融合之路——拓跋鲜卑迁徙与发展历程""大河毓秀——河套地区远古时期至秦汉文明特展"等精品展览。"交融汇聚——公元八至十九世纪内蒙古历史文化陈列"列入国家文物局、中央文明办、中央网信办重点推介项目。坚持以文塑旅、以旅彰文，将北疆文化融入文化旅游资源开发、精品旅游景区创建、文创产品设计开发等工作中。2023年，举办非遗节庆民俗活动456项，推出非遗演艺585项、非遗餐饮500项，打造非遗特色精品旅游线路36条。

## （二）做好国家通用语言文字推广普及工作

内蒙古自治区各级党委和政府自觉站在长久之策、固本之举的政治高度，坚定坚决贯彻落实党中央决策部署，以铸牢中华民族共同体意识为主线，积极稳妥推行使用国家统编教材，不断加大推广普及国家通用语言文字工作力度，以语言相通促进心灵相通、命运相通，以愈加饱满的精神状态，同心唱响民族团结之歌，不断构筑中华民族共有精神家园。

**加强统筹谋划，夯实制度基础。**内蒙古自治区党委把扎实推进国家通用语言文字推广普及工作作为铸牢中华民族共同体意识的基础工程，多次召开党委常委会、政府常务会、教育工作领导小组会、政府专题会议，高起点部署、高站位谋划、高标准推进，从责任落实到位、宣传引导到位、保障措施到位、指导督导考核到位"四到位"作出部署，不断完善党委领导、政府主导、语委统筹、部门支持、社会参与的体制机制。不断强化语言文字法律法规和政策宣传教育，将《内蒙古自治区实施〈中华人民共和国国家通用语言文字法〉办法》（2022

《〈内蒙古自治区实施《中华人民共和国国家通用语言文字法》办法〉施行——全面推广普及国家通用语言文字》

> **相关链接**
>
> 2021—2023年，内蒙古新建普通话测试站（点）26个，培养国家级测试员315名、自治区级测试员2551名，年均测试量10万人次以上。建成国家级语言文字推广基地3个、自治区级基地11个，充分发挥基地人才科研优势，立项相关课题248项，发表论文203篇，语言文字理论与应用研究能力不断提升。

年1月1日起实施)纳入各地区各部门干部职工学习培训计划，加大执行落实力度。

**开展特色活动，丰富育人载体**。内蒙古积极打造语言文化活动品牌，深入实施中华经典诵读工程，组织开展全区中华经典诵读大赛、规范汉字听写大赛等品牌活动，语言文化素养不断提高。2023年，全区有71件作品入围全国第五届中华经典诵写讲大赛奖项，其中一等奖7件，二等奖15件，为历届最好水平。各盟市按照"聚焦重点、全面普及、巩固提高"的工作方针，以推普周为契机，广泛开展政策宣传、全民阅读、推普讲座等系列活动，持续推动全区语言文字工作高质量发展。

## 四、促进各民族广泛交往交流交融

2022年3月5日，习近平总书记在参加十三届全国人大五次会议内蒙古代表团审议时强调，"推进中华民族共有精神家园建设，促进各民族交往交流交融，各项工作都要往实里抓、往细里做，要有形、有感、有效。"促进各民族广泛交往交流交融，是推动创造更加完善的各族群众共居共学、共建共享、共事共乐社会条件的重要举措。

## （一）深化民族团结进步创建工作

内蒙古把全面深入持久开展民族团结进步创建工作作为践行铸牢中华民族共同体意识战略任务的关键举措，民族团结进步创建工作结出累累硕果、处处涌现亮点。

**创建工作政策和法规保障力度空前加大。**内蒙古先后制定出台《内蒙古自治区党委关于全方位建设模范自治区的决定》《内蒙古自治区民族团结进步创建发展规划（2021—2025年）》《内蒙古自治区贯彻落实国务院〈"十四五"民族团结进步事业规划〉实施方案》《关于实施民族团结进步示范区示范单位"百千万示范引领"工程的意见》等一系列政策性文件，从立法层面和政策制定层面对民族团结进步创建工作进行长远谋划和规范要求。

**创建示范测评指标，把主线挺在前面、融入全面。**内蒙古相关部门与时俱进制定、修订完善民族团结进步创建示范测评指标。2021年中央民族工作会议后，内蒙古把铸牢中华民族共同体意识作为主线贯穿到全区民族团结进步示范测评指标全过程各环节。党的二十大后，内蒙古再次修订完善测评指标体系，进一步强化铸牢中华民族共同体意识在测评全过程的主线地位和政治标尺作用。测评指标中既有提高政治站位、突出创建主线等方面的共性要求，也有精准细化举措、分众宣传教育等方面的个性规定。以完善的示范测评指标体系引导各地区各单位不断深化内涵、丰富形式、创新载体，打造民族团结进步创建工作新亮点、升级版。

**创建工作示范培树实现质量、数量提升。**创建工作坚持广泛推荐、严格选拔、动态管理。2021年以来，平均每年命名全区民族团结进步示范区示范单位130个以上。截至2024年1月，分别有国家级、自治区级、盟市和旗县级民族团结进步示范区示范单位95个、747个和4500余个。

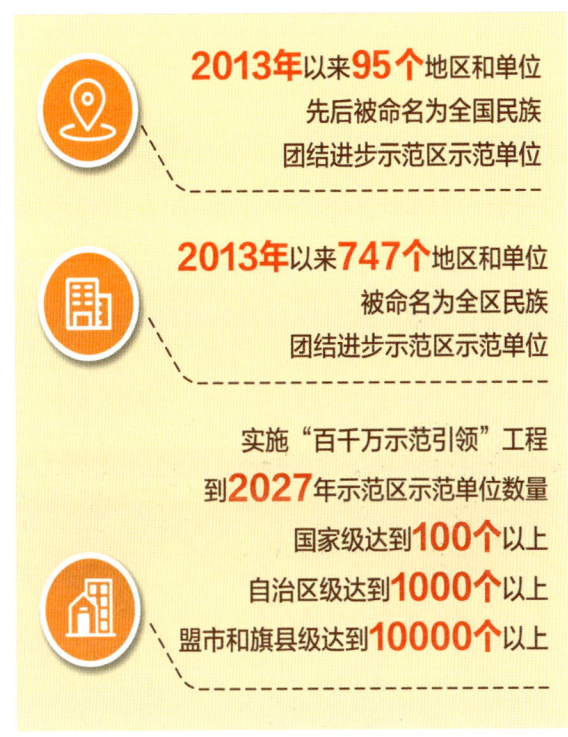

为着力打造新时代民族团结进步创建"升级版"，内蒙古提出2027年"民族团结进步创建示范百千万"目标，坚持高位推动、统筹规划，使创建工作取得更大实效。

**创建工作载体更加有形有感有效。**内蒙古深入贯彻落实各族青少年交流计划、各族群众互嵌式发展计划、旅游促进各民族交往交流交融计划"三项计划"的工作要求,及时出台内蒙古关于实施"三项计划"的工作方案。各地区各有关部门按照工作方案要求,发挥职能和优势,加强统筹协调,强化政策支持,整合社会资源,精心组织实施。截至2023年底,内蒙古有呼和浩特市前进巷社区红石榴家园项目、阿尔山国家森林公园景区项目等5个国家试点示范项目;开展"山水相逢同心筑梦——蒙桂万千青少年交流"等各类线上线下、手拉手结对子活动2000余场次,覆盖各族青少年65万以上;

兴安边境管理支队阿尔山边境派出所联合驻地少工委开展"小石榴籽走边关"活动。图为阿尔山市的少先队员们在移民管理警察的带领下共同徒步巡边、参观研学,亲身感受巡边、守边、固边工作的使命与担当

打造各族群众互嵌式发展试点社区97个，开展促进各族群众互嵌式发展的主题活动、专场活动千余场；推出自治区级和盟市级非遗精品旅游路线、铸牢中华民族共同体意识精品路线、研学路线200余条，打造铸牢中华民族共同体意识主题精品舞台艺术作品超过500部，在促进各民族交往交流交融上不断推出新举措、拓展新形式、搭建新平台。

> **相关链接**
>
> 内蒙古按照"一进一特色、一品一亮点"模式打造民族团结进步创建工作示范点位。涌现出"总书记走过的路"——铸牢中华民族共同体意识宣传教育路线等点位，展示中华优秀传统文化的内蒙古博物院、包头金街、呼和浩特莫尼山非遗小镇等点位，深情讲述"三千孤儿入内蒙""齐心协力建包钢""最好牧场为航天"等历史佳话的教育基地点位，这些成为展示内蒙古民族团结进步创建工作成果的最美窗口。

### （二）坚持在法治轨道上治理民族事务

2021年中央民族工作会议上，习近平总书记强调，"必须坚持依法治理民族事务，推进民族事务治理体系和治理能力现代化"，这既是对民族平等这一立国根本原则和全面依法治国这一治国理政基本方略的重申和强调，也是加快推进民族事务治理体系和治理能力现代化的题中应有之义。

**健全完善民族工作法规制度体系，坚持把铸牢中华民族共同体意识体现在地方立法的全过程各方面。**制定出台《内蒙古自治区促进民族团结进步条例》等一系列地方性法规，通过立法提供规范依据、整合手段和强制保证。加强《内蒙古自治区全方位建设模范自治区促进条例》等法规的配套制度建设，坚持正确的，调整过时的，更好保障各族群众合法权益。

《内蒙古自治区促进民族团结进步条例》

**健全党内法规前置审核、备案审查工作机制，及时修订或废止不符合铸牢中华民族共同体意识的党内法规和规范性文件。**2024年2月，内蒙古自治区有关部门出台《铸牢中华民族共同体意识前置审核办法（试行）》。明确审核范围为各类政策法规性文件、规划和重大工程项目、民族题材影视文学作品、纪念馆、展览馆、博物馆（院）展陈内容等。要求以铸牢中华民族共同体意识为主线，按照增进共同性、尊重和包容差异性的重要原则开展前置审核工作，对审核中发现的问题按照相关规定作出处理，不得打折扣、搞变通。梳理排查自治区本级及地方性法规多件，其中对于地方性法规中涉及民族工作存在偏差的予以修改废止。

**完善对民族事务治理体系和治理能力的评价监督体系，建立完善依法治理民族事务的考评考核工作机制和工作体系，明确监督检查的主体、内容、对象、程序和方式等。**健全党的民族理论政策和法律法规宣传教育长效机制，坚持全民守法，在"民族法治宣传周"等重要时间节点广泛开展法治宣传教育，增强干部群众的法律意识；对广大干部进行民族工作法律法规培训，切实增强法治思维，提高依法行政能力。

2023年包头市"民族法治宣传周"活动暨"民族团结一家亲 共建法治边疆行"活动在达尔罕茂明安联合旗查干哈达边境派出所"红色蒙古包"举行。图为石榴籽知识问答环节赠送纪念品

## 深度阅读

1. 中共中央统一战线工作部、国家民族事务委员会：《中央民族工作会议精神学习辅导读本》，民族出版社 2022 年版。

2. 本书编写组：《中华民族共同体概论》，高等教育出版社、民族出版社 2023 年版。

# 第三章

# 在民族地区推进中国式现代化建设中作模范

## 习语金句

坚定不移走以生态优先、绿色发展为导向的高质量发展新路子，切实履行维护国家生态安全、能源安全、粮食安全、产业安全的重大政治责任，不断铸牢中华民族共同体意识，深入推进全面从严治党，把祖国北部边疆风景线打造得更加亮丽，书写新时代内蒙古高质量发展新篇章。

——习近平2022年3月5日在参加十三届全国人大五次会议内蒙古代表团审议时的讲话

## 第三章
### 在民族地区推进中国式现代化建设中作模范

奋力书写中国式现代化内蒙古新篇章是习近平总书记和党中央赋予内蒙古的战略定位和重大责任。2023年6月，习近平总书记在内蒙古考察时强调，"要牢牢把握党中央对内蒙古的战略定位，完整、准确、全面贯彻新发展理念，紧紧围绕推进高质量发展这个首要任务，以铸牢中华民族共同体意识为主线，坚持发展和安全并重，坚持以生态优先、绿色发展为导向，积极融入和服务构建新发展格局，在建设'两个屏障'、'两个基地'、'一个桥头堡'上展现新作为，奋力书写中国式现代化内蒙古新篇章。"

## 一、牢记"国之大者"，把我国北方重要生态安全屏障构筑得牢不可破

党的十八大以来，习近平总书记关于内蒙古的重要讲话重要指示中，关注最多、论述最多、部署最多的就是生态文明建设。从"建成屏障"到"筑牢屏障"，从"重大责任"到"国之大者"，习近平总书记的重要指示为内蒙古生态文明建设指明了方向、提供了遵循。近年来，内蒙古自治区党委推动生态文明建设决心之大、力度之大、成效之大前所未有，让广袤草原"带薪休假"，在兴安林海"挂斧停锯"，对重点沙漠"锁边治理"，协同推进黄河流域生态保护和治理，

实施"一湖两海"及察汗淖尔综合治理，草原植被盖度和森林覆盖率实现"双提高"，荒漠化土地和沙化土地面积持续"双减少"，祖国北疆万里绿色长城建设不断向纵深推进。

## （一）胸怀"国之大者"显担当

内蒙古的生态状况如何，不仅关系全区各族群众生存和发展，而且关系华北、东北、西北乃至全国的生态安全。内蒙古坚决扛起防沙治沙政治责任和历史重任。十年来，全区累计造林、种草、防沙治沙规模都居全国首位，草原植被盖度现已达到45%，荒漠化和沙化土地减少了6000多万亩，实

从"沙进人退"到"绿进沙退"，库布其沙漠治理成效显著。图为库布其沙漠锁边林

现了从"沙进人退"到"绿进沙退"的历史性转变。

**全力打好"三北"工程三大标志性战役**。内蒙古按照山水林田湖草沙一体化保护和系统治理要求，采取差异化防沙治沙模式，构建多层次、全方位的生态防护网络，切实减轻风沙危害。毛乌素沙地80%的裸沙化身为绿色宝地，绿色版图向南推进了200公里；库布其沙漠超过40%披上了"绿装"，被联合国环境规划署确定为"全球沙漠生态经济示范区"；巴彦淖尔市磴口县在乌兰布和沙漠的东缘建起一条长154公里、宽100米的林带，使得沙漠东缘后退20公里，每年向黄河的输沙量减少九成多。特别是2023年6月以来，内蒙古日均防沙治沙高达4.3万亩，创造了防沙治沙速度新纪录。2023年，全区全年造林556万亩、种草1817万亩、防沙治沙950万亩。2024年，内蒙古将防沙治沙和新能源发展结合起来，实施防沙治沙和风电光伏一体化工程，在库布其沙漠北缘、黄河南岸规划建设长400公里、平均宽5公里的"光伏长城"，通过防沙治沙和风电光伏一体化工程的推进，让黄沙变"绿野"、变"蓝海"。

**黄河流域生态保护和高质量发展取得显著成效**。习近平总书记强调，"黄河流域在我国经济社会发展和生态安全方面具有十分重要的地位。"黄河流域内蒙古段是内蒙古的经济核心区、重要的湿地生态功能区，也是我国北方重要的生态安全屏障。2022年2月，内蒙古自治区党委、政府印发《内蒙古自治区黄河流域生态保护和高质量发展规划》，全面评估内蒙古黄河流域资源环境承载能力，统筹生态、经济、城市、人口及粮食、能源等安全保障，开展国土空间开发适宜性评价，确定不同地区开发上限，合理开发和高效利用国土空间，严格规范各类沿黄河开发建设活动。全面推进入河排污口排查整治行动，完成黄河干流及16条主要支流、2879公里岸线、4005.1平方公里流域排污口现场排查，通过依法取缔、清理合并、规范整治等措施，强力推进排污口整治和监督管理，

2023年8月，黄河"几字弯"攻坚战全面打响。内蒙古锲而不舍持续发力，把祖国北疆这道万里绿色屏障构筑得更加牢固

## 第三章
### 在民族地区推进中国式现代化建设中作模范

倒逼岸上各类污染源的全面整治。黄河内蒙古段9个国考断面水质连续4年保持Ⅱ类水平。无定河（鄂尔多斯段）入选国家生态环境部第二批美丽河湖优秀案例，乌梁素海流域生态保护条例颁布实施，乌海及周边地区PM2.5浓度达到有监测记录以来最好水平。2023年，内蒙古实现农业节水3.73亿立方米，农田灌溉水有效利用系数首次高于全国平均水平。

### （二）开辟"生态优先、绿色发展"远大之路

**降碳、减污、扩绿、增长协同推进步履铿锵。**面对新形势、新要求，内蒙古先后制定《建设我国北方重要生态安全屏障实施方案》《内蒙古自治区建设我国北方重要生态安全屏障促进条例》，确立了筑牢我国北方重要生态安全屏障的目标任务。用久久为功换生生不息，内蒙古不仅给祖国正北方披上了风沙的"防护服"，还为全国人民打造了超级"林网""碳库""氧吧"。

《内蒙古自治区建设我国北方重要生态安全屏障促进条例》

**厚植高质量发展的绿色底色。**按照全国统一调查规范核算，2020年全区林草湿总碳汇量达1.2亿吨，居全国第一位，总碳储量达105.5亿吨，居全国第二位。2023年，内蒙古开发林草碳汇项目17个，实现碳汇交易80.5万吨，交易金额达2709万元，新创建绿色园区4个、绿色工厂67家。水生

态环境质量改善成效更加显著，2023年全区121个国考断面水质优良比例达到有监测记录以来最好水平。呼伦湖、岱海、察汗淖尔生态环境稳中向好，乌梁素海湖心断面水质保持在Ⅳ类水平，越来越多的河流湖泊"返璞归真"，成为更多人心中的"诗和远方"。内蒙古饮用天然矿泉水"伊刻活泉"在卡塔尔亚洲杯"出线"。内蒙古作为我国地方代表参加《联合国气候变化框架公约》第28次缔约方大会，在中国角开幕式暨"生态文明与美丽中国实践"边会作交流发言。新时代新征程上，内蒙古将通过不懈努力，在我国北疆构筑起更加牢固稳固、美丽亮丽的万里绿色长城。

打好碧水保卫战，进一步强化黄河流域生态保护和高质量发展，推进"一湖两海"及察汗淖尔综合治理。图为察汗淖尔，这里已成为候鸟的"休息站"

## 二、坚持守土有责，把祖国北疆安全稳定屏障构筑得坚不可摧

习近平总书记一直牵挂着祖国北疆，嘱托内蒙古各族干部群众要守望相助。"守望相助"，这是内蒙古改革发展稳定的关键所在，也是各族群众的幸福所依。内蒙古横跨"三北"、地近京畿，是祖国的"北大门"、首都的"护城河"，在国家安全稳定大局中地位重要、责任重大。筑牢祖国北疆安全稳定屏障，是习近平总书记交给内蒙古的五大任务之一，更是内蒙古必须履行好的重大责任和光荣使命。

### （一）把维护国家政治安全摆在首位

<u>坚决有力打好主动仗，确保国家政治安全。</u>内蒙古自治区深入贯彻落实总体国家安全观，时刻绷紧政治安全这根弦，自觉把维护国家政治安全作为头等大事、首要任务来抓，增强忧患意识、坚持底线思维，发扬斗争精神、保持战略定力，把坚定的政治立场和正确的政策策略、科学的方法手段结合起来，细化完善打好维护国家安全主动仗、持久仗各项工作措施，坚定维护国家政权安全、制度安全、意识形态安全。全面加强网络安全保障体系和能力建设，严密防范和严厉打

击敌对势力渗透、破坏、颠覆、分裂活动，构筑维护国家安全的铜墙铁壁。

## （二）强化组织领导，形成平安内蒙古强大合力

明确各级党委、政府平安建设的主体责任，压实党政一把手第一责任人的责任。内蒙古把平安建设的重大项目、重要举措纳入各地区各部门"十四五"规划，做到守土有责、守土负责、守土尽责。明确各级平安建设领导小组和平安办的牵头抓总职能，统筹平安建设成员单位的资源力量，构建各负其责、齐抓共管工作格局。建立健全权利与义务相统一、风险与责任相关联、激励与惩戒相并重的平安建设考评责任体系，将平安建设考评问责与安全生产事故、食品安全事故、重大群体性事件问责相衔接，真正发挥好考评的"指挥棒""风向标"作用，确保平安建设工作高效有序运行。

## （三）严格落实意识形态工作责任制

**坚持底线思维，牢记意识形态职责使命。** 党的十八大以来，以习近平同志为核心的党中央高度重视意识形态工作，习近平总书记亲自谋划、亲自部署、亲自推动，发表一系列重要讲话、作出一系列重要指示，为内蒙古做好新时代意识形态工作指明了前进方向、提供了根本遵循。内蒙古自治区各级各部门

牢固树立忧患意识，切实增强责任感、使命感，警钟长鸣、警惕常在，着力在统一思想、凝聚共识、坚定信心、振奋精神、防范风险、筑牢防线上下功夫，坚决有力开展意识形态斗争，为内蒙古长治久安和高质量发展提供坚强思想保证和良好舆论环境。

**开展主题教育，提高意识形态斗争本领。**常态化开展研究阐释、宣传推介、宣讲教育，认真落实铸牢中华民族共同体意识战略性任务，加强社会主义精神文明建设，着力用社会主义核心价值观铸魂育人，积极主动开展对外宣传工作，巩固壮大坚定信心、团结奋进的主流思想舆论。严格落实主管主办和属地管理原则，对互联网、高校等重要阵地和民族、宗教、新闻媒体、文化文艺等领域实行清单管理。持续开展反分裂斗争宣传教育，加强和改进宗教领域意识形态工作，扎实推进"国家意识、公民意识、法治意识"教育，不断提高意识形态斗争本领。

## （四）严格落实安全生产工作责任制，防范化解重点领域风险

**大力提升维护公共安全效能，确保人民安宁祥和。**健全公共安全风险监测预警体系，优化应急管理体系建设，完善统筹协调、调度指挥、应急处置机制，提高防灾减灾救灾能力。

加强重点领域、行业、物品全链条安全监管，坚决防范遏制道路交通、火灾等重大公共安全事故，确保社会治安大局稳定。牢固树立命案可防可控理念，出台加强命案防控工作两年行动计划，建立命案分析、通报约谈、挂牌督办、责任倒查等制度机制。推动社会心理服务疏导和预警干预机制向基层社区延伸，落实人文关怀和跟踪帮扶措施，努力为人民群众创造安业、安居、安康、安心的良好环境。

**着力防范化解重点领域风险，确保社会安定有序。**把防范化解风险摆在更加突出位置，健全社会矛盾排查预警机制，紧盯经济金融、生态环境、交通运输、医疗教育、征地拆迁、房地产等重点领域，深入开展矛盾风险动态排查、防范化解，加强风险评估研判，努力消除不稳定隐患。落实属地管理责任，推行盟市、旗县领导干部每月下基层接访制度，加大从政策制度层面解决问题的力度，严防发生重大群体性事件。高度警惕私募基金、网贷平台等集中爆雷风险，完善政法机关与金融机构、行业监管部门协调配合机制，统筹推进涉众型经济犯罪案件依法侦办和维护稳定工作，严防经济金融风险向社会领域、政治领域传导。

## 三、着眼于培优增效，把国家重要能源和战略资源基础建设得势强力足

党的十八大以来，习近平总书记在对内蒙古工作的重要讲话中多次提及要把现代能源经济这篇文章做好，足见习近平总书记对内蒙古做好这项工作的期望之高、嘱托之重。内蒙古作为能源大区，发展现代能源经济是优势所在、机遇所在、责任所在。

### （一）切实扛起保供重大政治责任

**创造能源保障"10个全国第一"。** 内蒙古的煤炭、风光等资源在全国数一数二，近些年来内蒙古持续挖掘资源开发转化利用潜能，当好保障国家能源安全的顶梁柱。尤其在2023年，煤炭产量12.2亿吨，完成9.45亿吨煤炭保供任务，电力总装机超过2亿千瓦，实现煤炭保供量及外送量、电力总装机及新增装机、新能源总装机及新增装机、总发电量及外送电量、新能源发电量、煤制气产能"10个全国第一"，保障了29个省份能源需求，外送电量达到了3065亿度，相当于3个三峡工程的年发电量。特别是230亿方的天然气跨越700多公里温暖了京津冀，1亿多度的绿电跨越1600多公里点亮了杭州亚运会。

保障电力平稳输出。图为锡林郭勒盟至山东1000千伏特高压交流输电工程，这是国内首个开工建设、首个建成投运的特高压工程，在国内首次实现了交、直流特高压工程联网运行

## （二）国家重要能源和战略资源基地建设日新月异

**在全国率先构建起以新能源为主体的能源供给体系。** 内蒙古坚持煤、电、油、气、风、光、氢、储并举，持续深挖保供潜能，努力为国家提供更加稳定、更加安全、更加绿色的能源供给。2023年，内蒙古新能源全产业链增加值增长16.1%，建成全国单体规模最大光伏治沙项目、国内在运最

大陆上风电基地、世界首条固态低压储氢生产线；风光氢储装备制造业产值达到 2762 亿元，呼包鄂通 4 个基地占比达到 80%。现代煤化工产业增加值增长 15.4%，实施煤炭精深加工项目 34 个，投产 11 个，开工建设全球最大绿氢耦合煤制烯烃项目，煤制乙二醇、煤制烯烃产能均居全国第二。稀土产业增加值增长 21%，中重稀土金属产品实现规模化生产，10 万吨级全球最大稀土绿色冶炼项目开工，稀土、铌、锂等战略资源勘探实现新突破。

《内蒙古自治区建设国家重要能源和战略资源基地促进条例》

### （三）打造全国乃至国际新能源产业高地

**在全国率先创建新能源产业化系统和全产业链发展模式。** 内蒙古积极推进化石能源大区向清洁能源大区转变，煤基产业规模和技术水平全国领先，绿氢生产应用规模全国最大，新能源产业从单一发电卖电向全产业链发展转变，新能源及相关产业对 GDP 和财政收入的贡献率不断提高，研发投入占比不断提升。

**打造全国最大的稀土新材料基地和全球领先的稀土应用基地以及风光氢储四大产业集群。** 内蒙古的稀土资源从储量到质量都是世界级，并拥有国内最完整的产业链。近年来，内蒙古逐渐摒弃传统"挖土卖土"简单模式,聚焦永磁、储氢、催化、抛光、合金五大领域。预计到2025年,稀土新材料产能达到20万吨以上,稀土产值突破800亿元。推动新能源全产业链发展,集中打造风光氢储四大产业集群,加快建设呼和浩特、包头、鄂尔多斯、通辽、乌兰察布、赤峰新能源装备制造基地,形成满足区内、供应周边、辐射全国的全产业链配套市场供给能力,大力发展智慧检修、精细管控、设备优化等服务产业,培育专业服务商,努力成为全国新能源运维产业的"领头羊"。

推动风光氢储产业集群发展,加快推进氢能基础设施建设。图为阿拉善盟五凌电力光储电站

## 四、着力提质增量,把国家重要农畜产品生产基地建设得量大质优

2019年7月,习近平总书记来内蒙古考察时指出,内蒙古是粮食主产省区之一,是我国重要的农畜产品生产基地。要贯彻落实党中央关于"三农"的方针政策,推动农牧业发展向优质高效转型。坚持宜粮则粮、宜牧则牧、宜林则林,不断优化农牧业区域布局和生产结构。坚持绿色兴农兴牧,积极发展生态农牧业,增加优质绿色农畜产品供给。

### (一)为"中国饭碗"贡献内蒙古力量

"粮仓""肉库""奶罐""绒都"作用更加凸显。内蒙古是畜牧业大省,牛肉、羊肉、牛奶、羊绒产量都居全国首位。全国牛肉的1/10产自内蒙古,羊肉的1/5产自内蒙古,牛奶的1/6多也产自内蒙古,羊绒一半来自内蒙古。内蒙古也是产粮大省,全国5个耕地面积过亿亩的省份,内蒙古榜上有名,已经连续5年粮食产量突破700亿斤,每年有一半以上的粮食调往区外、供应全国。2023年,内蒙古粮食播种面积、单产、总产"三增长",

《内蒙古自治区建设国家重要农畜产品生产基地促进条例》

粮食产量791.6亿斤，实现二十连丰，稳居全国第6位；主要肉类产量285.4万吨、牛奶产量792.6万吨，均创新高。马铃薯脱毒种薯繁育能力稳居全国第一位。大豆繁种面积、玉米制种面积分别居全国第三位和第五位。牛羊品种数量和供种能力均居全国首位，奶牛种业产销全国占有率居第一位。8家种业企业入选国家种业阵型企业，居全国第七位。内蒙古的使命就是努力往"中国碗"里多装粮、装好粮、装好肉、装好奶。

## （二）农牧业绿色高质量发展迈向新高度

**农畜产品"数、质"不断攀升。**内蒙古始终把保障国家粮食安全作为"三农三牧"的头等大事和一号工程来抓，聚焦"扩大数量、提高质量、增加产量"精准发力，为"中国人的饭碗主装中国粮"作出更大内蒙古贡献。截至2023年2月，累计创建10个国家级、32个自治区级特色农产品优势区，11个区域公用品牌入选"中国农业＋品牌目录"。2023年，668个优质特色农畜产品被列入"全国名特优新目录"，位居全国第一；新认证绿色食品产品319个，产量44.46万吨；有机农产品342个，产量304.88万吨；农畜产品质量安全合格率连续5年保持在97%以上。

2012年，联合国粮农组织认定敖汉旱作农业系统为"全球重要农业文化遗产"。图为赤峰市敖汉旗梯田

**创建特色产业孵化平台全国第一。** 从独特资源到生产要素再到发展优势，内蒙古种好"塞外粮"、舞活"产业链"、擦亮"蒙"字标，努力把国家重要农畜产品生产基地建设得量大质优。2023年，内蒙古农畜产品加工业增加值增长11.6%，加工转化率达到72%。新创建奶业、马铃薯2个国家级产业集群和3个国家级现代产业园、8个产业强镇，创建数量居全国第一位，建成全球最大乳酸菌种质库、国家羊遗传评估中心，肉羊产业产值达到千亿级。农牧业现代化产业体系建设取得新突破。

"蒙"字标认证创建了从标准、认证、制度约束到质量管控，再到综合服务的"五大体系"，采取"以认证选真品"的方式，建立54类农畜产品标准体系，研制"蒙"字标认证团体标准41个，涉及羊肉、牛肉、玉米、大豆等23类优势特色产业，让内蒙古好产品的真实品质看得见、认得清、能享用

## 五、坚持登高望远，把国家向北开放重要桥头堡打造得巍然蓬勃

内蒙古打造成为我国向北开放重要桥头堡，是习近平总书记站在统筹国内国际两个大局的高度为内蒙古量身定制的战略定位。新时代新征程上，把内蒙古打造成为我国向北开放重要桥头堡，不仅具有重大战略意义，而且也将为内蒙古迎来新的历史机遇。

### （一）国家战略通道作用日益增强

内蒙古深度参与中蒙俄经济走廊建设，是国家西部陆海新通道的重要门户。内蒙古通过扩大开放促进改革发展，持续发展口岸经济，加强基础设施建设，完善同俄罗斯、蒙古国合作机制，作为我国向北开放重要桥头堡的作用不断凸显。2023 年，内蒙古全区进出口总额增长 30.4%，位居全国第三，进出境中欧班列 8324 列，同比增长 12.6%。2023 年，口岸货运量达到 1.078 亿吨，同比增长 84.6%，陆路口岸货运量首破 1 亿吨，成为全国沿边陆路口岸省区中首个货运量过亿吨的省区。

## （二）口岸经济发展实现新突破

**口岸建设日新月异。**内蒙古对外与160多个国家和地区建立了贸易关系，有20个外开放口岸，承担着我国对俄罗斯陆路运输65%、对蒙古国陆路运输95%的货运量。内蒙古持续建设满洲里口岸、二连浩特口岸"两个强点"，统筹推动甘其毛都、策克等重点专业口岸与其他口岸错位协同发展，扩容中欧班列中通道、东通道"两条主线"，完善中欧班列集疏运体系，建设好中欧班列集散中心。过境中欧班列由2013年的3列增加到2023年的8000多列，始发中欧班列由2016年的30多列增加到2023年的429列，满洲里、二连浩特口岸进出境中欧班列均累计突破万列大关，边境陆路口岸货运总量居全国首位。满洲里口岸进出境中欧班列运行线路达到57条，通达13个国家和地区，覆盖国内60个城市。二连浩特口岸进出境中欧班列运行线路增至71条，延伸到140多个国内外城市或站点。2024年前4个月内蒙古外贸进出口总值达660.3亿元，同比增长8.8%，高于全国平均增速3.1个百分点。

**口岸经济持续发展。**内蒙古依托口岸和通道优势壮大口岸经济，推动扩能升级、扩能增效。2023年，出台外贸稳规模优结构32条，恢复满洲里口岸中俄团体旅游签证互免、二连浩特口岸 8 座以下小型车辆通关；机电产品出口增长 118.9%；电动载人汽车等"新三样"产品出口增长 48 倍；新设外商投资企业 167 家，增长 3.2 倍；实际使用外资 55.8 亿元，增长 61.5%；跨境人民币收付金额 2584.2 亿元，增长 99.8%。

在扩大对外开放、促进招商引资、加快建设向北开放重要桥头堡方面再添新动力。左图为乌兰察布市七苏木保税物流中心（B型）封关运营。右图为七苏木国际物流枢纽产业园内工作人员指挥中欧班列装车作业

**口岸通关智能化程度明显加强。**内蒙古大力实施口岸扩能改造和智能化改造，优化口岸功能和配套设施，补强集装箱换装能力，提高通关效率，实现快进快出。甘其毛都口岸加快"智慧口岸"建设，不仅率先在全国公路口岸中运行"智能卡口"，而且启用的 AGV 无人驾驶跨境运输模式也是国内

首创。截至 2024 年 4 月，甘其毛都口岸过货量达 1302.3 万吨，同比增长 21%。

大力实施口岸扩能和智能化改造，优化口岸功能和配套设施。左图为甘其毛都口岸，右图为 AGV 无人驾驶车

**打造跨境电商"加速奔跑"新优势。** 跨境电子商务综合试验区的建设为推动内蒙古外贸发展发挥了重要作用。2023 年以来，内蒙古制定出台推动外贸稳规模优结构、跨境电商"加速跑"等政策措施，2023 年跨境电商交易额达到 41.2 亿元，同比增长 66%。目前，内蒙古有呼和浩特、赤峰、满洲里、鄂尔多斯、包头 5 个跨境电子商务综合试验区。呼和浩特跨境电商综合试验区在 2024 年一季度完成跨境电商贸易额 2.54 亿元，同比增长 19.6 倍；赤峰跨境电商综合试验区在 2024

年前4个月共有8家企业完成跨境电商进出口业务307单，金额9848万元，同比增长96.9%；满洲里跨境电商公共服务平台2023年实现跨境电商出口贸易额2.08亿元。

内蒙古共有呼和浩特、赤峰、满洲里、鄂尔多斯、包头5个城市获批跨境电子商务综合试验区。图为消费者在呼和浩特市和林格尔新区的跨境电商O2O新零售示范店选购商品

**自贸区建设基础雄厚**。"自贸区创建工程"作为内蒙古自治区"六个工程"之一，是引领内蒙古开放发展牵一发而动全身的"牛鼻子"。内蒙古自治区商务厅贯彻落实自治区党委决策部署，紧扣自贸试验区"为国家试制度、为地方谋发展"职责使命，开展差别化探索，施行更多开放举措，推出一批支撑内蒙古更高水平开放、带动全国向北开放的改革

创新举措，以高水平开放推动自贸区创建，营造市场化、法治化和国际化营商环境，推动贸易、投资、金融、人员等要素流动的自由化、便利化，充分利用国内国际两个市场、两种资源。以现代化产业体系推动自贸区创建，立足资源禀赋和产业基础，聚焦五大任务，围绕8大产业集群16条重点产业链，将现代产业体系建设与自贸区创建结合起来，激发经济社会发展的内生动力。

> **知识链接**
>
> **六个工程**
>
> 政策落地工程、防沙治沙和风电光伏一体化工程、温暖工程、诚信建设工程、科技"突围"工程、自贸区创建工程。

## 六、推动经济转型升级

习近平总书记对内蒙古的经济转型发展寄予厚望，强调内蒙古要"坚持以生态优先、绿色发展为导向"推进高质量发展。《国务院关于推动内蒙古高质量发展奋力书写中国式现代化新篇章的意见》中提出了推动内蒙古高质量发展的总体要求、主要任务和保障措施。2024年4月，国家发展改革委等 6 部门印发《关于支持内蒙古绿色低碳高质量发展若干政策措施的通知》，对进一步推动内蒙古绿色低碳高质量发展作出了系统安排。

### （一）坚持"生态优先、绿色发展"导向

**推动能源绿色低碳转型。** 内蒙古积极推广充填开采、保水开采等绿色开采技术，推进煤电"三改联动"。2023 年，内蒙古累计完成节能降碳改造 1600 万千瓦、灵活性改造 2000 万千瓦、供热改造 500 万千瓦以上，煤电供电标准煤耗降至 300 克/千瓦时左右。推动绿电替代，鼓励和支持企业多用绿电。大力发展绿氢产业，2023 年批复实施风光一体化制氢项目 33 个，绿氢规模 68 万吨/年，成为全国风光制氢示范项目主要建设地区。

**做好现代能源经济文章。** 以紧抓快干新能源为重点，加快推进"沙戈荒"大基地等项目建设，研究更多"新能源＋"市场化应用场景，积极推动绿证绿电交易，有序推进煤电机组灵活性改造，统筹布局电网侧独立新型储能电站，高质量推进防沙治沙和风电光伏一体化工程，力争 2024 年新增新能源装机 4500 万千瓦，新能源总装机达到 1.35 亿千瓦，提前一年实现新能源装机规模超过火电装机规模的目标。

**促进生态产品价值实现。** 《国务院关于推动内蒙古高质

量发展奋力书写中国式现代化新篇章的意见》中明确提出"支持呼伦贝尔、兴安盟、赤峰等地区探索生态产品价值实现机制",这为内蒙古开展相关工作指明了方向、明确了目标。2023年,内蒙古自治区发展改革委指导全区各地总结探索经验成果,《呼伦贝尔市积极探索林草湿碳汇价值实现路径》等2篇案例被纳入国家辅导读本予以推广;协调自治区统计局将呼伦贝尔市纳入国家草地生态系统生产总值试算试点,已完成相关试点研究报告;组织呼伦贝尔市、兴安盟、赤峰市相关人员先后赴浙江省丽水市,北京市门头沟区、密云区、延庆区调研学习生态产品价值实现探索工作先进经验做法,在呼伦贝尔市举办全区首次建立健全生态产品价值实现机制工作专题培训班,有效提升了全区生态产品价值实现探索工作能力水平。

## (二)着力优化经济布局

积极培育东部地区新增长极。东部盟市放大和发挥绿色生态优势推动高质量发展,把保护好大草原、大森林、大河湖、大湿地作为主要任务,高质量建设农畜产品生产基地,以生态农牧业、生态旅游业为支柱构建绿色产业体系,以满洲里、二连浩特口岸为支撑发展泛口岸经济,严格控制新上能源资源型产业项目,积极培育消耗低、排放少、质量效益高的新兴产业，形成了绿色化、开放型经济发展特色优势。

**推动呼包鄂乌一体化发展。**中部盟市扩大环境容量和生态空间，立足产业基础和产业集群优势推动高质量发展，提升产业层次和发展能级。以呼和浩特为龙头发展现代服务型经济，以包头、鄂尔多斯为重点建设能源和战略资源基地，以呼和浩特、乌兰察布为支点打造物流枢纽和口岸腹地，依托创建国家自主创新示范区，增强协同创新发展能力，构建高效分工、错位发展、有序竞争、相互融合的现代产业体系，形成强劲活跃的增长带动极。

**推动西部盟市转型发展。**西部盟市补齐生态环境短板推动高质量发展，把加强黄河流域生态保护和荒漠化治理挺在前面，强化乌海及周边地区大气污染防治，严格生态极度脆弱区限制开发政策，加快乌海资源枯竭型城市转型，推进河套灌区现代化改造，增加绿色、有机、高端农畜产品供给，联合发展特色旅游业，共同培育接续替代产业，增强区域发展整体竞争力。

**实现特殊类型地区振兴发展。**强化易地扶贫搬迁安置区后续扶持，重点围绕800人以上的大中型安置区持续实施产业帮扶、就业帮扶、消费帮扶，加大以工代赈实施力度，在农业农村基础设施建设领域积极推广以工代赈方式。促进革命老区振兴发展，传承弘扬红色文化，发展红色旅游，支持发展特色优势产业，完善基础设施和基本公共服务体系。重点关注边境地区现代化同步发展。

## （三）深入推进"科技兴蒙"行动

**强化科技创新政策支持，创新成果不断涌现。** 近年来，内蒙古先后制定《科技人才激励政策十五条》《高校、科研院所创新激励政策二十条》《科技惠企政策二十二条》等政策。深化科技领域"放管服"改革，科技项目申报管理实现"一网统管、一网通办"，为科研人员减少70%以上的工作量。财政科技项目资金预算科目从9个精简为3个，科目费用调剂权下放至项目承担单位。加快建设"蒙科聚"创新驱动

"蒙科聚"是内蒙古实施创新驱动发展战略的重要举措，是"科技兴蒙"行动的升级版，是内蒙古科技创新驱动的总平台

平台，打造全区科创资源"一张网"、搭建供需对接交易"大平台"，全方位、全链条、全过程科技服务能力不断提升。2023年，"蒙科聚"创新驱动平台作用显现，全区技术交易合同数增长45.3%，交易额增长17.6%。世界首套万吨级二氧化碳制芳烃成套技术、全球首创煤基纳米碳氢燃料制备及发电成套工艺落地转化，99.9%高纯氧化钪提取工艺研制成功，有效促进全区能源、资源产业技术创新水平提升。成功培育并推广"杜蒙羊""华西牛""巴麦13号""蒙乌薯"等自主新品种，体细胞克隆、新型营养调控等新技术应用带动奶牛克隆胚胎生产效率提升。

**产创融合深入推进，创新主体持续壮大。**内蒙古围绕全区产业布局，聚焦种业、"双碳"等重点领域技术难题，组织实施一批重点科技项目与重大示范工程，推动全链条技术攻关与成果转化。积极探索"揭榜挂帅+创新联合体"联合攻关协同创新新型科研组织机制，组建创新联合体，有效集聚区内外企业、高校院所和国家级、自治区级创新平台科研资源，构建覆盖产业全链条的产业技术支撑体系，有力促进产业链、创新链深度融合。推动组建中国农业科学院北方农牧业技术创新中心、中国矿业大学（北京）内蒙古研究院、北京大学鄂尔多斯能源研究院等创新平台。国家乳业技术创新中心实现实体化运营。相继建成大青山实验室、鄂尔多斯实验室、浙大—包头硅材料联合研究中心、中国农业大学巴彦淖尔研究院等。2023年，全区财政科技支出增长81.9%，新增高新技术企业314家、科技型中小企业950家；承担国家重点研发计划项目9项，实施自治区重大科技专项38项，建设创新联合体70个；在智能矿山机器人、稀土产品制备、飞轮储能等研发应用上取得突破性成果；乳业、草业、稀土新材料技术创新中心取得24项重大研究成果。

2023年12月17日，坐落于呼和浩特市的国家乳业技术创新中心正式投入实体化运营

## （四）鼓励和支持民营经济和民营企业发展壮大

**体制机制建设领先全国。** 2019年，内蒙古自治区党委将

原自治区非公有制经济发展专项推进领导小组调整为自治区民营经济发展领导小组，是全国率先成立省级民营经济发展领导小组的省份之一。2019年9月，自治区批复自治区发展改革委成立民营经济发展处，承担协调民营经济发展重大问题并统筹衔接相关发展规划和重大政策，综合研判民营经济发展趋势，拟定并实施促进民营经济发展的综合性政策措施的工作职能，是全国发展改革系统最先成立民营经济发展处的5个省份之一，并早于国家发展改革委成立民营经济发展局近4年。

**政策体系建设走在全国前列**。2022年9月，内蒙古自治区党委、政府印发《关于进一步支持民营经济高质量发展的若干措施》，内容包括降低民营企业生产经营成本、做好民营企业金融服务、大力支持民营企业改革创新发展、优化民营经济发展生态、加强民营经济代表人士队伍建设、完善服务保障机制6个方面。为进一步全面推动《中共中央、国务院关于促进民营经济发展壮大的意见》（以下简称《意见》）落实落地，经自治区政府同意，自治区发展改革委会同相关部门印发《内蒙古自治区关于贯彻落实＜中共中央、国务院关于促进民营经济发展壮大的意见＞分工方案》，提出31方面88条具体举措，是全国最先出台贯彻落实《意见》的省份之一。

**政企沟通渠道建设得到国家认可**。2021年，内蒙古自治区发展改革委会同各地区各部门建设了覆盖自治区、盟市、旗县（市区）的"蒙企通"平台，运用数字化手段畅通政企沟通渠道，解决了一批企业多年投诉无门、解决无望的老大难问题。2023年9月，内蒙古建立了民营企业沟通交流机制，通过组织民营企业座谈会、召开专题事项对接会、提升现有沟通交流平台服务质效等方式，推动解决民营企业提出的各类问题，并多次向国家发展改革委报送典型经验材料。

**民间投资增速全国第一。**2023年1—11月，内蒙古民间投资同比增长15.8%，居全国第一位，民间投资占全部投资比重为51.2%，居全国第十位，得到了国家发展改革委书面通报表扬。2023年，针对民营企业反映强烈的问题，清偿拖欠企业账款1293亿元，为企业解决了一批土地厂房产权手续问题，新增减税降费及退税缓费341亿元，2家企业成功上市，5家企业上榜全国民营企业500强，全区百强民营企业营收总额超过1万亿元。

### 深度阅读

1. 本书编写组：《牢记嘱托 感恩奋进——五大任务读本》，内蒙古人民出版社2024年版。

## 第四章

# 在边疆民族地区走向共同富裕的道路上作模范

## 习语金句

从全国来看，推动全体人民共同富裕，最艰巨的任务在一些边疆民族地区。这些边疆民族地区在走向共同富裕的道路上不能掉队。要坚持以人民为中心，在发展中更加注重保障和改善民生，补齐民生短板，增进民生福祉，让各族人民实实在在感受到推进共同富裕在行动、在身边。

——习近平2023年6月在内蒙古考察时的讲话

# 第四章
在边疆民族地区走向共同富裕的道路上作模范

党的十八大以来,以习近平同志为核心的党中央带领全国各族人民深入践行以人民为中心的发展思想,打赢脱贫攻坚战,全面建成小康社会。内蒙古同全国一道打赢了脱贫攻坚战,实现了全面小康,为扎实推进共同富裕创造了良好条件。

## 一、边疆民族地区在走向共同富裕的道路上不能掉队

### (一)共同富裕归根结底要实现全体人民共同富裕

共同富裕是我们党矢志不渝的奋斗目标,实现全体人民共同富裕是中国式现代化的本质要求之一。中国特色社会主义追求的富裕是全体人民共同富裕,确保边疆民族地区在走向共同富裕的道路上不能掉队是实现全体人民共同富裕的应有之义,这不仅是经济问题,而且也是关系党的执政基础的重大政治问题。

推进全体人民共同富裕,各民族都是参与者、建设者、受益者。发展是解决边疆民族地区各种问题的总钥匙,是增强民族团结的核心问题,要积极创造条件,千方百计加快少数民族和边疆民族地区经济社会发展,促进各民族共同繁荣发展。

让边疆民族地区在走向共同富裕的道路上不掉队,既是更好实现各族人民对美好生活向往的必然要求,也是维护祖

**国统一、国家安全、社会稳定的必然要求**。在我国2.2万多公里的陆地边界线中，有1.9万公里在民族地区；实施兴边富民行动的140个陆地边境县（市区旗）中，111个属于民族自治地方；2400多万边境地区人口中，超过一半是少数民族。加快边疆民族地区经济社会发展，推动各民族共同走向社会主义现代化，实现各族人民共同富裕，才能从根本上推进中华民族共同体建设，才能不断增强中华民族凝聚力和向心力，为中华民族伟大复兴保驾护航。

**强国建设、民族复兴的进程，必然是各民族共同团结奋斗、共同繁荣发展的过程**。党的十八大以来，在党中央的坚强领导下，边疆民族地区同全国一道打赢了脱贫攻坚战，实现了全面小康。然而，受到历史条件、自然资源、地理环境、文化观念等多种因素的制约，边疆民族地区发展不平衡不充分问题仍然相对突出，与东部发达地区相比，边疆民族地区面临的任务更重，是实现全体人民共同富裕的短腿短板。边疆民族地区之于全体人民共同富裕的重要意义，为扎实推进边疆民族地区共同富裕提供了强大的思想指引和精神激励。促进各民族共同团结奋斗，为强国建设、民族复兴凝聚磅礴力量。全面实现各民族共同繁荣发展，让各族人民共享强国建设、民族复兴的伟大荣光。

### （二）内蒙古在走向共同富裕的道路上有较高的起点和良好的基础

实现全体人民共同富裕的现代化，一头连着中华民族的"大梦想"，一头连着每个家庭、每个中国人的"小日子"。"努力让农牧民过上好日子"是习近平总书记2014年在内蒙古考察时的深情嘱托。截至2020年底，内蒙古如期完成了脱贫攻坚目标任务，但脱贫摘帽不是终点，而是新生活、新奋斗的起点。内蒙古自治区党委始终把改善民生、凝聚人心作为高质量发展的主要落点，切实增强各族群众的获得感、幸福感、安全感，引领内蒙古各族群众过上现代化的新生活，无论在边陲小镇还是在边远牧区，都能就近上得了学、看得了病，智能家电、宽带网络、快递外卖等不仅在城市普及普遍，而且已延伸至草原深处、寻常百姓家。经济社会发展，城乡旧貌换新颜，人民生活蒸蒸日上，生态环境持续向好，内蒙古在走向共同富裕的道路上有较高的起点和良好的基础。

## 二、让各族人民实实在在感受到推进共同富裕在行动、在身边

民生连着民心，民生要贴近民心。内蒙古各族干部牢记习近平总书记的"让各族人民实实在在感受到推进共同富裕

在行动、在身边"的嘱托,积极落实坚持以人民为中心的发展思想,在高质量发展中增进民生福祉,着力解决民生领域存在的突出问题。

## (一)多措并举增加城乡居民收入

内蒙古坚持就业优先政策,始终把就业工作摆在突出位置,持续完善政策体系,不断深化"创业内蒙古""技能内蒙古""提升就业服务质量""促进重点群体就业""重点项目助推就业"5项行动,推动实现更加充分、更高质量的就业。

**拓宽市场就业渠道**。拓宽自主就业渠道,持续实施创业内蒙古行动22条政策措施,发挥"零工市场"促进灵活就业作用,支持自谋职业、自主创业。支持开展公共就业服务能力提升项目,支持符合条件的地方建设公共实训基地,推进创业创新园区建设。各项支持政策同向发力,调整优化就业空间。精心培育打造带动就业能力强的劳务品牌,提升农村牧区劳动力转移就业组织化程度。打造跨区域劳务协作联盟,更好地服务农牧民工、失业人员等各类人员实现转移就业、就近就地就业。提升公共就业服务质效,持续开展春、秋两季大型公共就业服务系列招聘活动。全面提升技能培训质效,为各类劳动者提供精准就业服务,让劳动者获得更体面的工作、更高的工资收入、更好的发展机会、更幸福的生活。

**推政策助力企业稳岗**。精准有效实施减负稳岗扩就业各项政策措施，重点围绕落实阶段性降低失业、工伤保险费率和失业保险稳岗返还、一次性扩岗补助等政策，大力推行免申即享，确保应享尽享，切实减轻企业负担。2023 年，内蒙古持续实施阶段性降低工伤和失业保险费率、失业保险稳岗返还等政策助企纾困，兑现政策红利 42 亿元。

**保障重点群体实现就业**。突出抓好高校毕业生就业。实施好离校未就业高校毕业生服务攻坚行动，落实"131"服务举措，对有就业意愿的离校未就业高校毕业生，至少提供 1 次职业指导、3 次岗位推介、1 次技能培训或就业见习机会。启动实施公共部门稳岗扩岗、公共就业服务进校园等 10 项行动，将 2023 年底前退休人员编制用于招聘高校毕业生，提前半年实施 2024 年全区事业单位招聘考试，让毕业生选择更早、机会更多。组织实施高校一把手带队访企拓岗、全系统参与精准服务、各部门协作强化帮扶、全覆盖推进智慧就业等一系列硬招实招，打造 24 小时 365 天"全时化、智能化"平台，为高校毕业生"云求职"插上数字翅膀，助力高校毕业生高效就业。加大脱贫家庭、低保家庭、零就业家庭、残疾人等的就业帮扶力度。通过宣传就业政策，提供推荐就业岗位等，帮助有劳动能力的困难群众实现就业，同时落实就业成本扣减、渐退期等政策，保证其稳定就业。

2023年4月9日，内蒙古自治区2023届高校毕业生民营企业专场招聘会举行，共有区内外213家用人单位和7000余名毕业生参加。图为招聘会现场

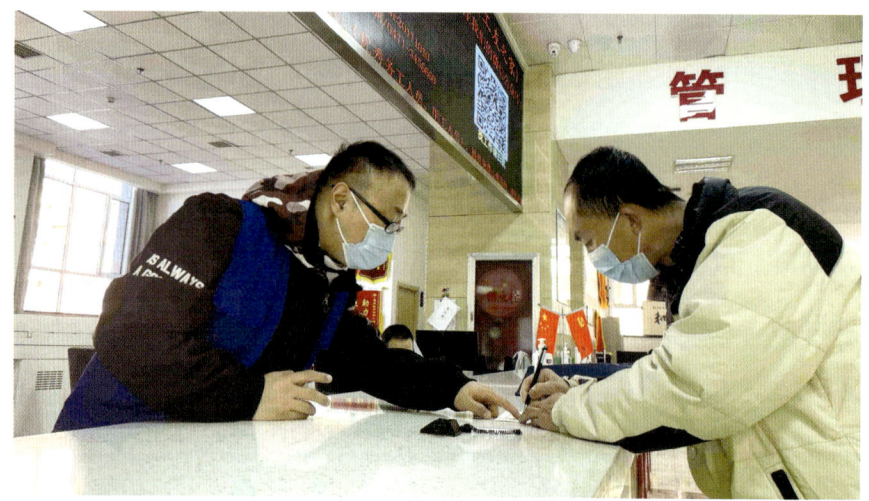

多措并举帮助零工人员就业。图为求职人员在呼和浩特市玉泉区劳动用工综合服务中心填写求职信息

**提升培训质效，提高人员技能。**深入实施"技能内蒙古"行动，紧盯招商引资、新上项目进度和重点企业用工需求，围绕服务保障实体经济特别是民营经济发展，深化产教融合、校企合作，开展订单式培养、套餐式培训，培养更多技能人才。对失业人员、农牧民、高校毕业生等重点群体，开展大规模职业技能培训，不断优化技能人才成长通道。

**健全工资增长和支付保障机制。**健全各类生产要素由市场决定报酬机制、工资合理增长机制、最低工资标准调整机制和工资支付保障机制，落实初次分配、再分配、三次分配协调配套的基础性制度安排，持续提高低收入群体收入，扩大中等收入群体，规范财富积累机制。健全公务员工资正常增长机制，完善事业单位工资收入分配政策和企业工资指导线制度，科学合理核定事业单位绩效工资，全面推进公立医院薪酬制度改革，建立工资待遇核查的长效工作机制。

### 政策链接

2023年，内蒙古为深入贯彻落实《保障农民工工资支付条例》，切实解决农牧民工工资支付工作中存在的突出问题，压实各级人民政府、相关部门责任，推动由"治欠"向"防欠"转变，结合工作实际，制定《做好保障农牧民工资支付工作若干措施》。

**改进和完善以工代赈、筹资投劳、生产奖补、劳务补助等机制，促进群众持续稳定增收。** 提高群众投身各项建设的积极性，以强烈的主人翁意识参与资源开发、农田水利、城镇建设、防沙治沙等各项建设，从中分享更多收益，在"增收"中促进"共富"。近年来，内蒙古各级政府充分发挥"赈"的作用，在政府投资重点工程和农牧业农牧区基础设施建设项目中推广以工代赈，适当提高劳务报酬发放比例。2023年，内蒙古为群众特别是返乡农牧民、防返贫监测对象及时提供务工岗位，打造农村牧区就业的"蓄水池""稳定器"，全面推动以工代赈相关工作，助力乡村振兴。截至2023年11月，内蒙古争取2023年中央以工代赈专项资金34658万元，实施81个项目，带动当地农牧民群众参与务工人数2918人，发放劳务报酬1991万元。

> **典型案例**
>
> 2023年，赤峰市翁牛特旗在科尔沁沙地歼灭战秋冬会战中，探索以工代赈治沙模式，全旗投入项目资金2683.38万元。其中格日僧苏木以工代赈治沙项目的实施，充分发挥了以工代赈项目资金的乘数效应，构建起全民参与、群策群力的防沙治沙新格局，实现了治沙与致富双赢。

## （二）办好人民满意的教育

教育是民族振兴、社会进步的重要基石。内蒙古从实际出发，坚持教育优先发展，坚持目标导向、问题导向与结果导向，遵循教育规律，不断提高贯彻新发展理念、服务构建新发展格局的能力和水平，加快构建高质量教育体系。

**多投入强保障，落实教育优先发展战略。** 以增加和优化普惠性资源供给，落实幼有所育，2023年累计下达中央和自治区学前教育专项资金12.81亿元；以提升义务教育学校办学水平，落实学有所教，2023年下达义务教育薄弱环节改善与能力提升专项资金10.55亿元；以教育高质量发展推动高考改革政策落地，2023年下达高考综合改革专项发展资金共6.95亿元；以实际行动践行"不让一个学生因家庭经济困难而失学"的郑重承诺，2023年落实各类学生资助资金48.1亿元，发放助学贷款14.04亿元。

**推公平提质量，聚焦办好人民满意的教育。** 推动各级各类教育发展提质增效。基础教育基点作用持续夯实。持续扩大学位供给，2023年全区新改扩建204所幼儿园、676所中小学、13所特殊教育学校已全部开工，新增学位7.06万个。全区学前三年毛入园率94.96%、九年义务教育巩固率98.3%、高中阶段毛入学率95.24%。残疾儿童义务教育入学率97%以上,提前实现"十四五"规划目标。9个旗县(市区)通过国家学前教育普及普惠县验收,10个旗县(市区)通过县域义务教育优质均衡发展省级督导评估,优质均衡发展迈出新步伐。教育数字化转型取得新进展。积极推进国家智慧教育平台整区试点建设,全新上线内蒙古智慧教育平台,初步构建起上下联动的智慧教育平台体系。不断丰富课程资源,开通中小学"优课在线",并与广电网络合作开通有线电视专区,直达农家牧户,让城乡孩子共享优质教育资源,逐步缩小区域、城乡教育差距,促进教育公平发展。

> **相关链接**
>
> 2023年,内蒙古自治区中小学校全部完成国家智慧教育平台注册,注册学生数298.42万人、教师数41.61万人,国家中小学智慧教育平台浏览量达9.91亿次。通过平台上传基础教育"优课在线"资源3400余节、普通高中9个学科资源5302件、职业教育在线精品课程55门。

**高等教育龙头作用日益凸显,支撑引领区域经济社会发展能力明显提升。**聚焦自治区产业发展需求,持续优化学科专业结构布局,做大做强生物、草业、乳业、冶金、新能源等优势特色学科专业,建成97个自治区级产业学院,推进高校11个集成攻关大平台建设,努力创新人才培养模式。2023

年，全区研究生招生规模达到14199人，较上一年增长4.82%。国家级一流本科课程由27门增加到81门。新能源、新材料等领域20个本科专业在内蒙古首次布点。加强国际交流合作，主动融入"一带一路"建设和中蒙俄经济走廊建设，成功举办中蒙高等教育展，与蒙古国教育科学部签署合作协议。

**产教融合助推构建现代职业教育体系**。聚焦内蒙古经济社会发展需求，人才培养与产业发展的契合度显著提升。建设6个自治区级市域产教联合体，打造11个自治区级行业产教融合共同体和122个产教融合实践中心。2023年，职业院校理工农医类专业占比达到63.1%，服务自治区重点产业链专业占比达到77.6%，举办"订单班""冠名班"448个，为本土企业输送技能型人才4.15万人。2023年首次承办全国职业院校技能大赛，获得一等奖8项，数量接近历年总和，二等奖17项，三等奖53项，创历史新高。

**抓关键，加强教师队伍建设**。通过实施"公费定向培养师资计划"、优秀中青年教师助力乡村振兴项目等，不断强化乡村教师队伍建设。建立高校常态化联系服务院士工作机制，高等教育领域高端人才队伍进一步壮大。大力实施名师名校长培养工程，以京蒙协作教育"倍增计划"为契机，吸引更多北京教师来到内蒙古，面向全国引进更多优秀教师，让内蒙古的孩子享受到更好的教育。强化师德教育，教师队伍管理服务水平显著提升。

第二届"伊利行知计划 乡村教师赋能公益培训"在呼和浩特市开展。图为参训教师进行小组创作评比

## （三）推动优质医疗资源扩容下沉

**加快优质医疗资源扩容。**内蒙古有序推进国家和自治区级区域医疗中心项目建设。在东部、中部和西部建设4个国家区域医疗中心，在赤峰市、通辽市、包头市和鄂尔多斯市建设4个自治区级区域医疗中心，建设20个自治区级专科区域医疗中心，加快建设包头、赤峰、乌海3个国家级紧密型城市医疗集团试点。加快形成东部、中部、西部相互支撑的格局，覆盖人口密集区域，辐射带动人口稀少地区，实现优

质医疗资源均衡扩容，更好满足群众医疗服务需求。

**持续推动公立医院改革与高质量发展示范项目。**内蒙古公立医院薪酬制度改革试点医院已覆盖全部盟市。近年来，内蒙古合理布局优质医疗资源，开展了新一轮领先学科、重点学科、重点实验室建设，以呼和浩特高质量发展示范项目为契机，推动首府地区37个高水平临床重点专科建设，深化京蒙协作、上海辽宁与内蒙古的医疗合作等项目，切实提升内蒙古专科建设能力。

**提升基层医疗服务能力，实现病有所医。**增强旗县级医院"服务主责"能力，引导鼓励自治区优质医疗资源向能力薄弱盟市下沉，4个自治区级区域医疗中心高水平医院建设正逐步覆盖全区。加大全科医生、住院医师规范化培训力度，推进"两个同等对待"政策落地，建立完善使人才留在基层的激励支持机制，推动人才下沉。深入落实"千县工程"，15家旗县医院被纳入国家"千县工程"建设规划。实施京蒙对口协作医疗"倍增计划"，推动三级公立医院提升电子病历应用水平。推广"互联网+医疗健康"，完善分级诊疗制度，提升基层医疗卫生服务能力，实施嘎查村（社区）综合服务设施补短板和扩能升级项目，确保群众看得了病、看得起病。

**推进紧密型医共体建设。**按照规划开展国家区域医疗中心、国家紧急医学救援基地建设，加强公立医院改革与高质量发展示范项目管理，加快建设紧密型县域医共体，已组建医共体 89 个。截至 2023 年 6 月，64 个旗县出台了紧密型县域医共体建设实施方案，22 个旗县增挂了医共体（总医院）牌匾，6 个盟市统筹推进医联体内双向转诊平台建设，开展预约诊疗、远程影像、远程会诊、远程教学等协同服务，逐步实现医共体内诊疗信息互联互通。

**加快推进"三医"协同治理。** 推动医保、医疗、医药联动发展，截至 2023 年 6 月，全区已有 1015 家医疗机构纳入 DRG/DIP 改革范围，12 个盟市全部开展医疗服务价格调整。2023 年，全区动态调整 236 项医疗服务价格，群众就医自付费用平均降低 19%。医疗保障是减轻群众就医负担、增进民生福祉、维护社会和谐稳定的重大制度安排，"内蒙古惠蒙保"的推出体现了商业保险与社会保险的有效衔接，体现了保险与政府的高质量协同。

## （四）发展养老事业，落实老有所养

内蒙古自治区党委、政府认真落实积极应对人口老龄化国家战略，将养老服务纳入经济社会发展总体规划，将养老服务作为保障和改善民生的三件要事之一。为破解养老难题，内蒙古出台《关于推进基本养老服务体系建设的实施方案》，因地制宜、因民之需，探路农村、牧区、城市养老之策，走

第四章　在边疆民族地区走向共同富裕的道路上作模范

出一条推进养老服务高质量发展的"内蒙古路径"。

**打通居家养老"最后一米"。** 近年来,内蒙古大力加强服务平台建设,将养老服务送到老年人"周边、身边、床边",着力打通养老服务的"最后一米"。"十四五"以来,自治区本级累计投入 28 亿多元,用于居家社区养老服务设施建设、特殊困难老年人家庭适老化改造等方面,全区累计建成居家社区养老服务中心(设施)1685 个、家庭养老床位 1 万余张,城市"一刻钟"居家社区养老服务圈基本建成。加快建立健

加强社区养老服务设施和助餐点建设,满足老年人居家养老就餐需求。图为呼和浩特市玉泉区为老餐厅

全县（区）、乡镇（街道）、村（社区）三级养老服务网络，形成县级综合指导、乡镇（街道）区域联动、村（社区）就近就便的服务支持体系，不断提高居家社区养老服务能力。同时以解决特殊困难老年人就餐需求为重点，扎实有序推进老年助餐服务工作。截至 2024 年 5 月，全区已建成各类老年餐厅 1206 个。

**推进农村牧区养老服务提标扩面。** 内蒙古以务实举措推动农村牧区养老服务高质量发展，制定"1+3+1"农村牧区养老服务政策框架，即：出台一项总体性文件——《加快发展农村牧区养老服务的若干政策措施》，制定 3 项规范指引——《苏木乡镇区域养老服务中心建设运营指引》《村级养老服务站建设运营指引》《农村牧区互助养老幸福院建设和运行管理办法》，明确一个建设标准——推进乡镇区域养老服务示范中心建设设计标准化，形成较为完善的农村牧区养老服务政策体系。强力推进以县级养老服务机构为牵引、乡级养老服务中心为支撑、村级养老服务站点（幸福院）为依托、家庭养老为基础的农村牧区养老服务体系建设，构建起居家社区机构相协调、医养康养相结合的养老服务体系，有效解决农村牧区留守老人、空巢老人、失能老人、低保户等困难老年人的集中住养问题。"十四五"以来，内蒙古累计建成苏木乡镇区域养老服务中心 415 个，乡镇级养老服务设施覆盖率达到 53.3%；村级养老服务站（含幸福院）4910 个，村级养老服务设施覆盖率达到 44.5%，全区农村牧区养老服务覆盖率和可及度大幅提升。2024 年，内蒙古继续深入实施居家社区养老服务提质、机构养老服务升级、农村牧区养老服务扩面、养老服务综合保障强基 4 项工程。

> **典型案例**
>
> 乌兰察布在全市推行农村互助养老幸福院，通过"集中居住、分户生活、社区服务、互助养老"，将同村或邻村的老人集中起来居住，配套服务设施，既实现邻里互助，又符合村里老年人居家养老习惯，受到广泛欢迎。
>
> 锡林郭勒盟推出牧区养老新模式，即养老园区集中居住，养老、陪读、就医一站式就近解决。锡林郭勒盟已有 8 个旗市建成牧区养老服务机构，建设老年公寓 2762 套，入住 3600 多人。这种"集中居住、养老育幼、政府扶持、多元运营"的养老新模式，为全国牧区养老蹚出一条新路。

**推进医养结合。** 内蒙古全力推进基本养老服务建设，构建以居家社区机构相协调、医养康养相结合的养老服务体系，以适应多层次、多样化养老服务需求。对在职及有意愿从事养老护理行业的人员"应培尽培"，努力补齐这支队伍职业技能水平和持证率低的短板。内蒙古已在一所中职学校、11 所高职院校开设智慧健康养老服务、健康管理、智慧健康养老服务与管理、老年保健与管理等专业。

### （五）健全完善社会保障体系

内蒙古多措并举完善社会保障体系，民生安全网越织越密，覆盖全民、统筹城乡、公平统一、可持续的多层次社会保障体系更加健全。

**扩大参保覆盖面**。深入推进全民参保计划，基本医疗保险参保率稳定在95%以上，基本养老保险参保人数逐步增加。落实企业职工基本养老保险全国统筹，推进和完善基本医疗保险、失业保险、工伤保险自治区统筹，在先行城市实施个人养老金制度。落实城乡居民养老保险困难群体保费代缴政策，推进城镇职工养老保险法定人群全覆盖，全面推进工伤保险、失业保险参保工作。重点排查矿山、交通运输、加工制造、

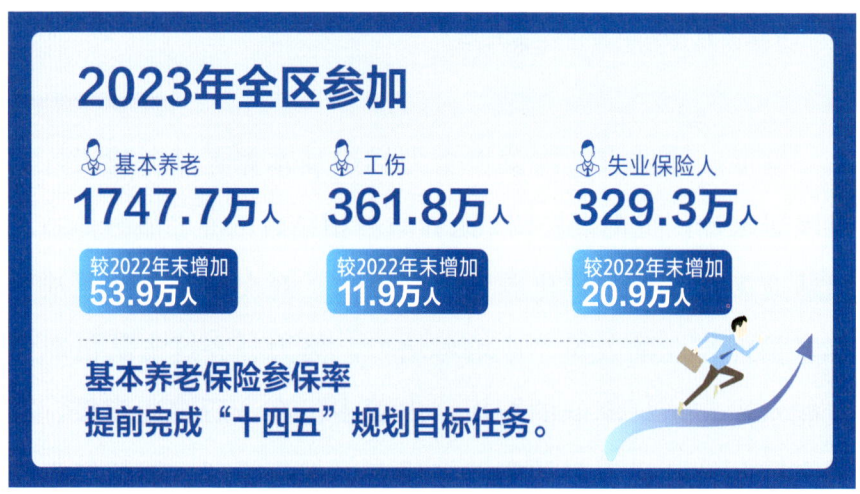

危险化学品加工等行业工伤保险参保情况，着力抓好工程建设项目和基层快递网点工伤保险参保工作，推动企事业单位失业保险参保缴费工作。

**提升社保经办精细化服务水平。** 加快跨部门数据互联互通、信息共享，利用门诊就医、公交出行等数据实现更多"静默认证""政策找人（企）"。加快推进全区工伤联网结算系统建设和应用，实现跨省异地就医工伤医疗费直接结算。扎实推进在校大学生在学籍地参加城乡居民基本医疗保险工作，建立工作联动与数据共享机制，不断优化参保流程和就医管理措施，推动大学生参加基本医保"应保尽保"，确保医保待遇"应享尽享"，让医保政策惠及每一名在校大学生。

自治区、呼和浩特市、赛罕区三级医保部门走进内蒙古大学、内蒙古农业大学

**"一卡通"提供更多便民服务。** 内蒙古积极实施富民惠民政策，全面推行以社会保障卡为载体的"一卡通"发放新模式，构建"一站式申报、一体化发放、一张网公开"惠民

惠农补贴新格局，实现补贴资金发放上接预算、下通支付，打造全流程监控预警的"大数据＋网络化＋全链条"监管体系，做到所有人监督所有人，让群众有参与感、获得感、幸福感，让老百姓手里的补贴卡变成一张"明白卡"、一张"服务卡"。为群众算清补贴资金明细账、算好增加群众收入产业账、算明用好用活乡村振兴政策未来账。

**加快健全完善覆盖全面、分层分类、综合高效的社会救助格局。**内蒙古自治区民政厅、党委农村牧区工作领导小组办公室、财政厅、乡村振兴局联合推进城乡居民最低生活保障等社会救助兜底保障扩围增效19项具体措施，切实兜住、兜准、兜好困难群众基本生活底线。

**聚焦"守底线、抓衔接、促振兴"，避免低收入困难群众漏保、断保。**内蒙古自治区财政厅加强与自治区医保局等部门沟通协调，落实落细分类资助参保政策，着力减轻低收入困难群众参保缴费负担，将稳定实现农村低收入人口和脱贫人口应保尽保作为巩固提升脱贫攻坚成果的重要任务，不断夯实保障制度，实现困难群众应救尽救。2023年，全区168.62万人享受参保资助，资助金额3.62亿元。

**提升社会救助服务效能。**精准落实各项救助政策，加大群众突发性、紧迫性、临时性基本生活困难救助力度，加强农村牧区留守儿童、妇女、老人及城市困难群众关爱服务，实现困难人群帮扶救助全覆盖。建立完善易地搬迁与低保衔接，低保、特困与低保边缘家庭、支出型困难家庭认定工作衔接，以及社会救助家庭经济状况核对、低收入人口动态监测和分层分类救助帮扶四项工作机制，提升社会救助服务效能。2023年，全区各级财政投入医疗救助补助资金14.3亿元，较2022年增加1.4亿元。

**巩固拓展脱贫攻坚成果，健全防止返贫监测机制**。在巩固拓展脱贫攻坚成果方面，内蒙古坚持和完善防止返贫动态监测和帮扶机制，强化部门间信息共享。推动脱贫地区加快发展，重点支持产业基础设施建设和全产业链开发，依托特

呼伦贝尔市积极推动庭院经济发展，变"方寸闲地"为"增收宝地"。图为额尔古纳市室韦小镇居民展示丰收的农产品

色资源做好"土特产"文章，高质量发展庭院经济，夯实脱贫地区发展基础，激发脱贫群众活力。引导更多的脱贫群众参与各类乡村建设项目，促进脱贫人口增收。积极落实稳岗就业政策，保持脱贫人口就业规模稳定在20万人左右。

> **典型案例**
>
> 兴安盟乡村振兴局推出促进农牧民增收6项举措，通过发展高质量庭院经济、参与以工代赈项目建设、强化经营主体带动、发展代耕代种社会化服务、支持开展牲畜品种改良、支持务工就业，不断探索乡村振兴"新钱景"，着力开辟群众增收"新路子"。

**完善生育支持政策体系，推动建设生育友好型社会。**为应对低生育率的挑战，内蒙古修订《内蒙古自治区人口与计划生育条例》，出台《优化生育政策促进人口长期均衡发展的实施方案》《内蒙古自治区完善和落实积极生育支持的若干措施》等一系列重要文件，建立起生育支持政策体系，助力形成素质优良、总量充裕、结构优化、分布合理的现代化人力资源。鼓励支持各地各校安排二孩、三孩与其在读兄（姐）在同一所学校就读。凡因属地学校划片发生变化而产生二孩、三孩不能与其兄（姐）同校就读的情况，符合"兄（姐）非择校入学、目前在读"条件的，家长均可提出"同校就读"

申请。双胞胎、多胞胎家庭，在义务教育学校实行电脑随机派位录取、阳光分班时，还可提出双胞胎、多胞胎捆绑派位申请。

**温暖工程暖民心、促发展**。温暖工程既是民生工程，也是发展工程。内蒙古自治区党委以"我们内蒙古不缺煤不缺电也不缺气，没有任何理由缺温暖，让老百姓挨冻良心难安"的责任感，加大投入力度，深化体制机制改革，探索新型智慧供热采暖模式，坚决把暖供足供好，保障群众温暖过冬。2024年，结合城市更新行动，一体推进管网更新、老旧小区改造以及燃气、供热、供排水管网改造，启动城中村、城边村燃煤散烧综合治理三年攻坚行动。推动基本民生保障标准达到或超过全国平均水平，比国家规定低的提上来，达到或超过的建立稳定的自然增长机制。

民生是人民幸福之基、社会和谐之本，兜牢基本民生底线是保障民生最起码的要求，是促进社会公平、维护社会稳定的基本保障。保障和改善民生没有终点，只有起点。在边疆民族地区走向共同富裕上作模范，我们时刻牢记习近平总书记的殷殷嘱托，始终将人民群众利益放在首位，细之又细、实之又实地增进民生福祉，不断增强人民群众的获得感、幸福感、安全感，在推进共同富裕中展现新作为，为奋力书写中国式现代化内蒙古新篇章汇聚磅礴力量。

**深度阅读**

1. 习近平：《扎实推动共同富裕》，《求是》2021年第20期。

2. 习近平：《在全国脱贫攻坚总结表彰大会上的讲话》，《习近平著作选读》第二卷，人民出版社2023年版。

## 第五章

# 在兴边稳边固边上作模范

**习语金句**

认真执行党的民族宗教政策,维护军政军民团结和民族团结,为促进边疆地区经济社会发展、社会和谐稳定贡献力量。

——习近平2014年1月在内蒙古考察时的讲话

# 第五章
## 在兴边稳边固边上作模范

党的十八大以来,内蒙古始终牢记习近平总书记的殷殷嘱托,持续推进兴边富民、稳边固防,边境地区经济社会得到长足发展,各族群众团结奋进、乐业兴边,全力维护民族团结、社会和谐、边疆稳固的良好局面。《国务院关于推动内蒙古高质量发展奋力书写中国式现代化新篇章的意见》中提出"加强守边固边兴边"和多项具体要求,为内蒙古推进边境地区建设以及在兴边稳边固边上作模范指明了方向。

## 一、兴边稳边固边是内蒙古责无旁贷的政治责任

内蒙古有 7 个盟市的 20 个边境旗市区分布在我国陆地边境线上,占全国陆地边境县市数量的 1/7,拥有 36 万平方公里边境管理区,是"一带一路"建设的重要枢纽、中蒙俄经

> **知识链接**
>
> 内蒙古边境地区,是指边境所在的旗市区,包括阿拉善左旗、阿拉善右旗、额济纳旗、乌拉特后旗、乌拉特中旗、达尔罕茂明安联合旗、四子王旗、阿巴嘎旗、苏尼特左旗、苏尼特右旗、东乌珠穆沁旗、二连浩特市、阿尔山市、科尔沁右翼前旗、额尔古纳市、陈巴尔虎旗、新巴尔虎左旗、新巴尔虎右旗、满洲里市和扎赉诺尔区。
>
> 来源:《内蒙古自治区促进边境地区高质量发展条例》

济走廊的重要节点、国家西部陆海新通道的重要门户，守护战略高地、枢纽要道责任重大，在兴边稳边固边中战略地位重要、职责使命特殊。

党的十八大以来，内蒙古深刻认识到维护国家安全是内蒙古必须扛起的重大政治责任，不断提升维护国家安全的使命感、责任感，高标准完成维护国家安全的职责使命，坚定不移推进以新安全保障新发展格局的时代要求，推动高质量发展和高水平安全实现良性互动，统筹做好防风险、保安全、护稳定、促发展各项工作，注重防范化解重大风险，在维护国家安全中展现内蒙古使命。

《内蒙古自治区筑牢祖国北疆安全稳定屏障促进条例》

内蒙古深刻认识到边防工作是治国安邦的大事，充分认清做好边防工作的重要意义，强化使命担当，为党和人民守好边、固好防，针对新形势下内蒙古边防面临的突出问题与薄弱环节，把握边防工作特点规律，加强部队全面建设，提高边境防卫管控能力，边防工作体制更加健全，力量更加充实，基础更加牢固，党政军警民合力强边固防局面不断巩固，汇聚起管边控边强大合力，打造边境安全稳定高地。

内蒙古深刻认识到推进边境地区发展是走上共同富裕道路的重要内容，提升基层治理体系和治理能力现代化水平是夯实社会稳定的基层基础，精准解决好内蒙古边境地区发展和基层治理面临的问题。统筹推进兴边富民和强边固防，积极推进制定精准化、差异化政策，改善边境群众居住生活条件，增强边境地区发展能力。持续强化大抓基层的鲜明导向，以党建引领基层治理，以推进市域社会治理现代化试点工作为重点，大力推广新时代"枫桥经验"，推行信访代办制，构筑中华民族共有精神家园，民族团结、社会和谐、边疆安宁已成为内蒙古一张亮丽名片。

### 知识链接

#### 枫桥经验

枫桥经验是20世纪60年代初浙江省诸暨市枫桥镇干部群众创造的"发动和依靠群众，坚持矛盾不上交，就地解决，实现捕人少、治安好"的管理方式。党的二十大报告将"推进国家安全体系和能力现代化，坚决维护国家安全和社会稳定"作为专章论述，要求在社会基层坚持和发展新时代"枫桥经验"，完善正确处理新形势下人民内部矛盾机制，加强和改进人民信访工作，畅通和规范群众诉求表达、利益协调、权益保障通道，完善网格化管理、精细化服务、信息化支撑的基层治理平台，健全城乡社区治理体系，及时把矛盾纠纷化解在基层、化解在萌芽状态。

## 二、加快推进边境地区建设

内蒙古坚持强边、安边、固边、富边、睦边一体推进，不断加强边境地区基础设施建设，推动兴边富民行动中心城镇建设，实施边境地区互嵌式发展计划，深入推进边境地区民族团结进步，扎实推动解决"空壳村""空心化"问题，实施"民营企业进边疆""科普边疆行"等活动，让边境地区各族群众获得感成色更足、幸福感底色更浓、安全感指数更高。

打好强边固防"组合拳"，党政军警民合力成效凸显。图为乌兰察布市四子王旗江岸边境派出所联合解放军边防连队开展边境巡逻

### （一）巩固党政军警民合力强边固防局面

2023年6月，习近平总书记在内蒙古调研边境管控和边防部队建设情况时强调，"党政军警民合力强边固防是我国

边防的独特优势。"内蒙古在党中央、国务院、中央军委坚强领导下，持续建强"党委把方向、政府总协调、军队当骨干、警方抓治理、民众为基础"的边防管控力量体系，统筹组织管边治边各支力量，如今的内蒙古牧民护边员、广大解放军指战员、公安边防民警及各族干部群众，共同筑起国家安全、社会稳定、边境安宁的"三道防线"，构建起稳边固边的"天罗地网"。

### 情牵北疆

2014年1月26日上午，习近平总书记来到内蒙古边防某团三角山哨所，看望正在执勤的战士。他登上58级陡峭的台阶，进入哨所二楼观察室。习近平同执勤哨兵一一握手，并动情地对战士们说："今天，我和你们一起执勤站岗。"

来源：新华网

**学习把握合力强边固防的总体要求。**内蒙古按照总体国家安全观要求，发挥党政军警民强边固防整体合力，形成统筹高效的工作机制、科学合理的力量布局、健全完备的政策体系、责任明确的监督体系，边防建设与内蒙古经济社会发展、军事建设深度融合，广大干部群众边防意识显著增强，党政军警民共守共建，守边固边氛围更加浓厚，内蒙古边疆稳定发展的局面进一步巩固。加强边境地区"四个共同"长廊建设,推广草原110、戍边警务室、蒙古包哨所等有效做法,建强"红色堡垒户"、"十户联防"、网格员等边境地区群防力量,促进各族群众共同守边固边兴边。阿拉善盟探索建立部队一线封、边防二线堵、公安重点查的边境管控体系。锡林郭勒盟推行"点线面"工作法,创新党建引领边境治理有效途径。

**提高边境综合防卫管控能力。**内蒙古以强军目标为统领,以履行当代边防使命任务为牵引,构建一体化边境防卫管控体系,创新能力生成模式,完善立体化、信息化社会治安防控体系,常态化扫黑除恶,依法打击和惩治跨境违法犯罪活动,保持边境地区社会和谐稳定。探索使用"鹰巡"无人机警航队升空巡护千里边境,部署开展"禁毒净边2021"、集中打击妨害国(边)境管理犯罪专项斗争等系列专项行动,2022年,侦破妨害国(边)境管理犯罪刑事案件16起、电信网络诈骗案53起,全区边境地区违法犯罪案情下降24.3%,八类案件下降14.2%,治安案件下降19.4%,确保了边境地区的持续安全稳定。

## (二)巩固发展新时代军政军民团结

2023年3月8日,习近平总书记在出席十四届全国人大一次会议解放军和武警部队代表团全体会议时强调,"要弘扬拥政爱民、拥军优属光荣传统,巩固发展新时代军政军民团结,在全社会营造关心国防、热爱国防、建设国防、保卫国防的浓厚氛围,为巩固提高一体化国家战略体系和能力、为推进强国强军汇聚强大力量。"内蒙古贯彻落实党中央、国务院、中央军委关于做好新时期拥军优属、拥政爱民工作,进一步加强军政军民团结的决策部署,着眼加强军政军民团结、推进军民融合深度发展,把拥军优属与拥政爱民结合起来,促进内蒙古双拥工作整体水平提高,不断密切同呼吸、共命运、心连心的军政军民关系。

**加强国防教育。** 内蒙古将习近平强军思想融入全民国防教育各领域全过程,坚持和加强党对全民国防教育工作的领

深入推进全民国防教育工作,充分发挥国防教育示范基地作用。图为世界反法西斯战争海拉尔纪念园

导，依托军地资源，优化结构布局，发挥乌兰夫纪念馆、世界反法西斯战争海拉尔纪念园等自治区级国防教育示范基地铸魂育人职能和示范引领作用。探索运用互联网、大数据、云计算、人工智能、区块链等新技术新应用，发挥数字技术对全民国防教育的放大、叠加、倍增作用。

**深化双拥共建。**内蒙古各级党委、政府和各个部门单位全面落实双拥政策、巩固军政军民团结以及大力弘扬军爱民、民拥军的光荣传统，不断增进军民鱼水情，巩固发展坚如磐石的军政军民关系。祖国北疆，部队积极参加和支援经济社会建设，地方大力支持部队建设、改革和备战，军地完善互办实事"双清单"机制，拥军支前军地协调机制更加健全……截至2023年7月，共组建退役军人服务中心121个，退役军人服务站6554个，配备专兼职人员15689人，配套保障经费和办公场所，有机构、有编制、有人员、有经费、有保障的"五有"要求全面落实。

**加快推进军民融合深度发展。**内蒙古各级政府坚持实施守边固边和促进边境地区发展工程，加强边境城镇军地一体化建设，构建布局合理、项目齐全、功能完备、资源共享的基础设施体系，推进军地一体化综合管控体系建设，部署开展沿边地区开发开放、守边固边、兴边富民等活动，及时解决工作中的实际困难和问题。发挥边防连队、抵边嘎查堡垒作用，结合易地搬迁工程，探索支持一线边民到边防连队周边新建居住点，实现文化、医疗、交通、饮水等军地资源共建共享。

### （三）着力解决边境地区人口"空心化"问题

边境地区人口"空心化"形成原因比较复杂，解决这一问题需要统筹谋划、因地制宜、综合施策。内蒙古不断加大边民支持力度，统筹兼顾边境地区生态脆弱、自然条件相对恶劣、经济发展水平相对落后的现实状况和戍边固防需要一定人口规模的客观需求，采取"疏面强点"优化兴边富民思路举措，研究出台差异化和精准化的人口政策，大力支持边境地区口岸城市和城关镇及节点城镇发展，有效提升其吸纳和承载人口的能力水平，确保边民不流失、守边不弱化，维护国土安全和实现边疆长治久安。

**坚持把产业发展作为兴边富民之本。**内蒙古立足地区特色和优势，大力支持边境地区发展现代畜牧业，布局新能源产业，进一步支持边境旗市区参与中蒙俄经济走廊建设，鼓励边民互市贸易创新发展，推动进口粮油、木材、煤炭等落地加工，做大做强跨境贸易、加工、物流、金融、旅游等跨境产业，不断增强边境地区自我发展动力和对人口的吸引力。

**完善边境基础设施和公共服务。**内蒙古着力改善边民住房条件，解决好边境地区农村牧区居民住房安全问题，优先解决重点对象的危房改造，加快推进边境地区城镇公租房、农垦区危房改造等保障性住房建设，合理制定边境地区住房节能保温建设标准。加强沿边公路建设，加快过境城镇骨干运输通道建设，推进重点口岸公路、铁路建设，使之末端可通达到每个抵边居民所在地。内蒙古新增3条沿边国道并行线，规划里程1320公里，计划2024年完成立项批复，2025年底前实现所有具备条件的（边远）自然村通硬化路。加强旗县城关镇、口岸城市医疗基础设施升级改造，对人口较少的偏远地区加大流动医疗车能力建设，增加覆盖面和巡诊频次。

### （四）实现边境防卫管控人防、物防、技防相结合

"边防稳固、国之大计。"做好新时代边境立体化防控工作，是为国守边、为民尽责的重大政治责任，是贯彻总体国家安全观、筑牢祖国北疆安全稳定屏障的关键之举，是推进边疆民族地区治理体系和治理能力现代化、维护边疆长期繁荣稳定长治久安的必然要求。内蒙古坚决维护国家主权和领土完整，坚定捍卫主权安全和发展利益，做好新时代边境立体化防控工作。

**守边固防，人防是关键。**内蒙古不断强化边境地区军警民联防联控，依托边境综合治理体系和草原110指挥中心，

不断畅通民警与网格员之间的信息交流，组建警民联合巡边队伍，突出群防队伍建设管理，组建人员稳定、素质较高、技能全面的农牧民护边员队伍，不断提升综合管控效能。出台《护边员巡边规范》《护边员管理规范》《护边员巡边保障规范》等5项地方标准，内蒙古出入境边防检查总站始创"护边驿站"312处，推动护边员达到3500余人、抵边警务室增至74个，推行"民警+护边员+辅警+民兵+N"巡边模式，提高补助标准，护边员补助由每人每月600元增加至1000元，边民补助资金提高至每人每年3000元。

**守边固防，物防是基础**。内蒙古将边防建设纳入自治区"十四五"规划，持续完善边境地区道路、水利、电力等基础设施，建设"护边驿站"，实现边境前沿地段的警力全覆盖以及确保重点地段重点管控。加快国道331线在建项目建设，打通瓶颈路段、补齐缺失路段，力争到"十四五"末全线基本以三级以上公路标准贯通。加大口岸公路建设力度，提升口岸公路技术标准和通达水平，重点推进连通二连浩特、甘其毛都口岸高速公路建设，构建连通内外、安全畅通的运输网络。加大边防公路和沿边抵边公路建设，提高交通通达深度。推进"四好农村路"建设，提升苏木乡镇通三级公路、较大人口规模自然村通硬化路覆盖率，兼顾连通边防部队驻地和哨所、巡逻点。

**科技赋能,为强边固防插上智慧之翼。** 内蒙古大力推进边境立体化防控体系建设,提高边境智能感知设施覆盖率,坚持因地制宜,铺设前端感知和技防设施。打造以两翼技物协防区、智能预警带、环边周界防控圈和立体巡防侦查网为核心的"三横三纵五级布防"立体化边境管控体系,边境管控效能进一步增强。全面推进警用无人机、视频监控、警务移动终端等实战应用,推广电子哨兵、流动警务车、AGV无人驾驶跨境运输、智能重卡、跨境空轨等新型非接触式查验模式,全力打造"雪城义警""警务助理""强边固防直通车""警鹰巡航队"等特色警务品牌。

大力优化边境防控体系建设,打造特色警务品牌。图为阿尔山边境管理大队"雪城义警"队员走访辖区群众

## （五）提高沿边地区基本公共服务和重大基础设施保障水平

边地不富，则边疆不稳、国防不固。"十四五"以来，内蒙古针对沿边地区基本公共服务和重大基础设施落后现状，坚持把基础建设作为开展兴边富民行动的重要抓手，提高沿边地区重大基础设施保障水平，进一步满足全区边境地区广电和通信网络需求，在兴边富民行动中持续支持并推动特色产业发展，安排各边境旗市区城乡义务教育补助经费支持义务教育优质均衡发展，边境地区群众人居环境和公共服务水平得到根本改善。

**深入实施水电路讯基础设施军地一体化建设三年行动。**内蒙古在边境地区实施军民供水保障、旗县电网巩固提升、公路交通升级改造、智慧广电固边、通信普遍服务等项目建设。2023年，内蒙古在边境地区铺设广电光缆4000公里，启动新一轮偏远地区用电升级工程，着力解决了2.4万户偏远农牧户、58个边防哨所用电难问题。2024年预计投入90多亿元继续提升边境地区公共基础设施保障水平。力争通过三年行动，实现边境地区饮水安全容易、用电稳定持久、路网四通八达、信号畅通高速，彻底解决边防官兵和边境地区农牧民水电路讯不畅的历史难题。

提高沿边地区基础设施保障水平。图为国道 331 额尔古纳段

**推进沿边地区基本公共服务均等化。**"十四五"以来，内蒙古累计下达边境地区转移支付资金 133.38 亿元，统筹用于口岸运转、边境贸易发展和边境地区民生改善等。教育方面，继续实施义务教育薄弱环节改善与能力提升工程，改善边境地区义务教育办学水平，加大边境旗市区中小学、幼儿园校长教师培训力度，放宽教师招聘条件，支持边境旗市区职业学校建设。医疗方面，加强县域紧密型医共体建设，提升边境旗市区级医院医疗救治能力和公共卫生机构应对突发公共卫生事件能力，加强苏木乡镇卫生院医疗服务能力建设，

完善嘎查村卫生室。养老方面,支持边境旗市区整合卫生和养老服务资源,探索苏木乡镇卫生院与敬老院、嘎查村卫生室与幸福院统筹规划、毗邻建设,开展医养结合服务。

### (六)提升兴边富民行动效能

边境兴则边疆稳,边民富则边防固。兴边富民行动实施20多年来,内蒙古认真学习贯彻习近平总书记关于边疆治理的重要论述,坚持"富民、兴边、强国、睦邻"的宗旨,全面落实党中央、国务院关于兴边富民的各项方针政策和促进边境地区经济社会发展的重大战略部署。

**扶持边境旗市区优势特色产业发展**。先后制定《内蒙古自治区关于新时代支持边境地区高质量发展的实施意见》《"十四五"兴边富民行动实施方案》等8项政策举措,编制完成《内蒙古自治区国土空间规划(2021—2035年)》,颁布实施地方性法规《内蒙古自治区促进边境地区高质量发展条例》,出台《落实京蒙协作促进产业高质量发展若干政策措施》,全方位多角度支持推进兴边富民行动,支持边境旗市区培育肉羊、肉牛、牛奶、林下经济、沙产业等特色优势产业,让边境地区分享更多第二、第三产业增值收益。持续向边境旗市区安排惠农惠牧资金,"民

《内蒙古自治区促进边境地区高质量发展条例》

营企业进边疆"行动已覆盖全区 20 个边境旗市区。

**深入开展兴边富民行动中心城镇建设。** 内蒙古将兴边富民行动中心城镇建设等 17 项重点工作和 20 个重大项目全部纳入 2024 年度重点任务清单，继续积极争取兴边富民行动中心城镇中央预算内资金支持，支持地处重要战略方向和关键通道节点、经济社会发展潜力较大且具有较强辐射带动能力的边境城镇发展，推动沿边地区互市贸易创新发展，加大城镇化补短板强弱项力度，提高抵边一线城镇产业支撑和人口集聚能力，推动形成边防沿线农牧民聚居点，吸引更多的人到边境地区置业安居、守边戍边。

## 三、着力提升基层治理体系和治理能力现代化水平

内蒙古始终坚持和加强党的全面领导，坚持以人民为中心，以增进人民福祉为出发点和落脚点，以加强基层党组织建设、增强基层党组织政治功能和组织力为关键，以加强基层政权建设和健全基层群众自治制度为重点，以改革创新和制度建设、能力建设为抓手，建立健全基层治理体制机制，推动政府治理同社会调节、居民自治良性互动，提高基层治理社会化、法治化、智能化、专业化水平，不断增强人民群众的获得感、幸福感、安全感。

## （一）健全基层党组织领导基层治理的工作体系

习近平总书记在党的二十大报告中指出，"坚持大抓基层的鲜明导向，抓党建促乡村振兴，加强城市社区党建工作，推动以党建引领基层治理。"党的十八大以来，内蒙古持续加强党对基层治理的全面领导，以创建坚强堡垒"模范"支部为载体，推动构建上下贯通、执行有力的组织体系，着力把党的政治优势和组织优势转化为基层治理效能，为兴边稳边固边作模范提供坚强组织保证，涌现出赤峰市阿鲁科尔沁旗村务契约化管理、通辽市"532"工作法、包头市社区治理、阿拉善盟党群服务中心实体化推进、呼和浩特市和赤峰市融合党建、巴彦淖尔市微治理、乌海市互联网＋社会治理、兴安盟建设五治智慧平台提升治理能力等基层社会治理模式。

**加强基层党组织建设，完善网格化管理、精细化服务、信息化支撑的基层治理平台。** 2023年，内蒙古计划用3年左右时间，全覆盖普遍建设8万个堡垒支部，全领域集中创建2万个坚强堡垒支部，全要素选树打造1000个坚强堡垒"模范"支部，以亮晒比为抓手，久久为功把基层党组织建设成为铸牢中华民族共同体意识、带领群众致富、维护社会稳定、守卫边疆领土、开展反分裂斗争的坚强战斗堡垒。规范苏木乡镇、嘎查村两级组织运行，把该做的做好、虚头巴脑的事剔除，减轻基层负担,提高服务效能,防止人浮于事。同时,把加强网格化管理作为推进党建引领基层治理的一项基础性工程,出台《关于加强综治中心建设和网格化服务管理的指导意见》《北疆红色网格治理服务工作指南(试行)》,织密基层治理网络。截至2023年5月,全区共划分2.5万余个网格,把党建和政法综治、民政、城管、信访、市场监管、卫生健康、应急管理等网格合成"一张网",实现"小事不出网格,大事不出社区"工作目标,真正做到人在"网中"走,事在"格中"办。

**实施培育发展社区治理多元主体工程**。内蒙古统筹各方力量协调行动,政府、社会组织、自治组织、居民群众等各类社会力量共同参与,积极培育公益性、服务性、互助性社会组织,鼓励多方参与,加大社会工作服务平台建设力度、社会组织培育力度,拓宽群众参与基层治理的制度化渠道,推动形成社区党组织领导,自治组织主导,社区各类主体多元参与、共同治理的社区治理格局。2021年,内蒙古制定《"五社联动"社会工作服务试点工作实施方案(2021—2025年)》,推动各地建立党委领导、政府负责、群团助推、社会协同、公众参与的"五社联动"工作格局。截至2023年11月,全区已建成社工站1025个,组织实施"五社联动"社工服务试点项目413个,以点带面推动全区社会工作专业化发展,培育形成鄂尔多斯市"一核四化"、呼和浩特市"一核三驱二联动"、呼伦贝尔市"一站一品"、兴安盟"三个坚持 三化服务"等一批社会工作典型经验做法。全区100%的嘎查村（社区）制定了村规民约、居民公约，建立了动态调整机制。

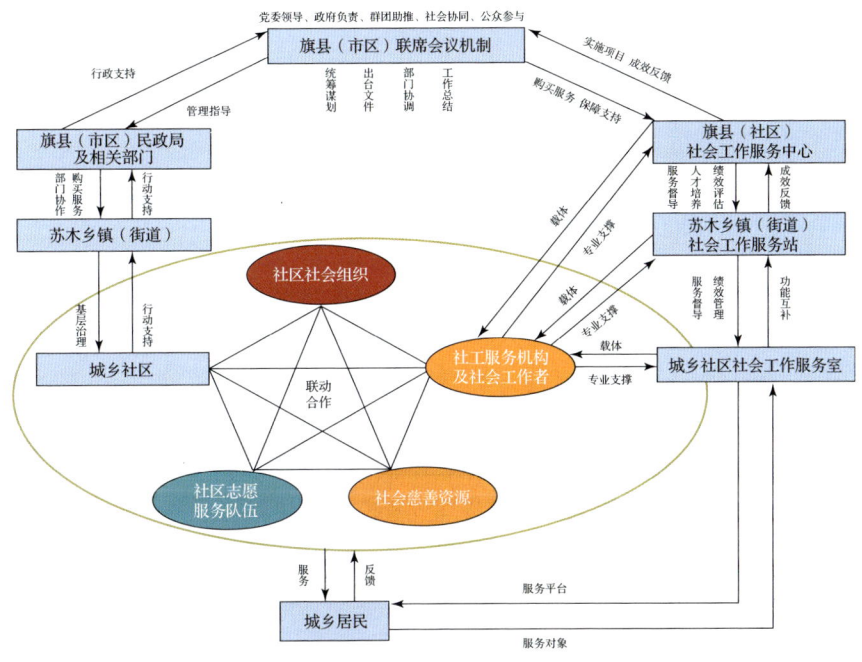

内蒙古社会工作服务平台及"五社联动"工作机制图

**加强社区社会工作专业人才和志愿者队伍建设。**内蒙古以优化人才成长环境为突破，以扩大增量与优化存量为重点，以专业项目为牵引，"三位一体"推动全区社工专业人才队伍建设，截至2023年11月，全区社工专业人才总数3.7万余人，其中，持证社工总数1.97万人，一支专业过硬、素质优良、充满活力的人才队伍初具规模。加强志愿者队伍建设，积极培育发展社区志愿服务队伍，围绕"老小困残"、基层社会治理、乡村振兴等领域广泛开展各类社区志愿服务活动。据不完全统计，截至2023年11月，内蒙古各地累计开展活动1万余次，参与社工、志愿者、爱心人士20万余人次，受益人数达800万余人次，营造了全社会关心支持、广泛参与社会工作的浓厚氛围。

## （二）推进市域社会治理现代化

市域治，天下安。市域社会治理水平事关群众切身利益，事关社会和谐稳定，抓住了"市域"这个核心关键，就能起到"一子落而满盘活"的效果。内蒙古12个盟市全部纳入"全国市域社会治理现代化试点"，打造了一批特色鲜明的市域社会治理内蒙古品牌，形成了一批可复制、可推广的典型经验。

**坚持政治引领**。各盟市将市域社会治理现

代化工作作为党委常委会会议、政府常务会议重点研究议题，坚持四级书记同抓、党政同责齐抓的工作格局。不断优化基层党组织带头人队伍，整顿提升软弱涣散党组织，强化基层党组织在市域社会治理中的领导核心地位。

**坚持法治保障**。包头市制定《包头市贯彻落实〈法治政府建设实施纲要（2021—2025年）〉实施方案》，印发《包头市持续打造"包你满意"、"包你放心"一流营商环境品牌若干措施》，严格落实"全国一张清单"管理模式，动态调整公布市本级行政权力事项，持续擦亮"包你满意""包你放心"金字招牌。鄂尔多斯市创新"三端五防线"诉源治理模式，充分发挥诉源治理在防范化解市域社会各类矛盾风险中的重要作用，走出了司法助力市域社会治理现代化新路径。

**坚持德治教化**。呼和浩特市紧紧围绕打造"德润青城"城市名片，厚植德治底蕴，大力培育践行社会主义核心价值观，不断铸牢中华民族共同体意识，构建市县乡村四级共同推进、一体建设治理格局。颁布实施《呼和浩特市文明行为促进条例》《呼和浩特市职工职业道德标准》，全市965个村、355个社区村（居）民公约制订修订率达到100%。推动构建覆盖城乡的家庭教育指导服务体系，打造"两级中心多个站点"模式，城乡社区挂牌家庭教育指导服务站。截至2023年5月，全市

300多所中小学涌现出"刘胡兰中队""董存瑞中队"等23支英模中队和90多支雷锋中队，选树了"全国脱贫攻坚模范"武汉鼎、"全国见义勇为模范"张斌、"北疆楷模"巴特尔、"青城好人"李俊怀等一批百姓身边可信、可见、可学的先进典型。

坚持自治强基。呼伦贝尔市深化"三务合一"治理模式，充分发挥基层政法委员、党员干部、政法干警、网格员、调解员、志愿者等社会治理队伍作用，形成专群结合、群策群力、多点联动的治理合力，推行"党务联建、村务联谋、警务联抓"的"三务合一"基层治理模式，建立起以警地党组织联创联建为抓手、警务室和民警"村官"为纽带、辖区党员群众共同参与的"小阵地""大党建"工作格局，有力提升了边境维稳管控效能，助推了平安边境建设和市域社会治理深度融合、协同发展。

坚持智治支撑。乌海市以"智治支撑"项目为牵引，以智慧城市建设为支撑，全方位构建"智＋"社会治理体系，集成式推动市域社会治理现代化，蹚出一条小城市智慧治理新路子。全市全面实施"一网通办""全市通办"，全程网办事项量、电子证照关联事项量、即办件事项量、承诺时限较法定时限压缩率均得到极大提升，入选全国政务服务软实力2022年经典案例。

加快市域社会治理现代化进程,以"市域之治"助推"中国之治"。图为乌海智慧城市市域社会治理中心

**(三)坚持和发展新时代"枫桥经验",全面推行信访代办制**

坚持和发展新时代"枫桥经验"。党的十八大以来,习近平总书记就坚持和发展新时代"枫桥经验"作出一系列重要指示,内蒙古紧紧依靠群众探索创新,大力推广新时代

"枫桥经验"，完善正确处理新形势下人民内部矛盾机制。党的领导与群众路线相结合，汇聚基层社会治理强大合力；自治法治德治相融，确保社会既充满生机活力又安定有序。不断丰富发展新时代"枫桥经验"，推动基层社会治理现代化。经过这些年的发展创新，内蒙古涌现出一批"枫桥式工作法"先进典型，呼和浩特市玉泉区兴隆巷街道清泉街社区、包头市土默特右旗信访局、兴安盟扎赉特旗巴达尔胡镇3家单位入选2023年中央政法委评选出的104个"枫桥式工作法"单位。2023年12月22日上午，全区深入践行新时代"枫桥经验"大会在呼和浩特市召开，50个先进典型单位工作法被评为全区"枫桥式工作法"先进典型。

**大力推行信访代办制。**2022年9月，内蒙古自治区党委创新性地提出在全区范围试点推行信访代办制，把源头治理作为化解信访矛盾的治本之策，树立"有解思维"，由党员、干部定期对群众信访诉求进行摸排，一对一或一对二包联，代替群众反映和办理信访事项，并及时反馈办理进度和结果，真心实意为群众服务。在先行先试的基础上，全区12个盟市同步推开信访代办制，推行信访代办制成为密切干群关系、加强基层治理的生动实践。截至2023年6月底，全区103个旗县（市区）及所属苏木乡镇（街道）、嘎查村（社区）均已推行信访代办制，工作成效不断凸显。截至2023年9月，全区基层信访代办员代办信访事项 1.7 万余件，办结率达 91.3%。一大批矛盾纠纷和信访隐患在信访代办过程中提前排查发现、及时就地化解，全区信访上行趋势明显回落，基层治理能力有效提升。全面贯彻落实《信访工作条例》各项规定，推进信访工作法治化，围绕"权责明、底数清、依法办、秩序好、群众满意"的总体目标，认真落实"五个法治化"和"四个到位"工作要求，强化法律在化解矛盾中的权威地位，引导群众依法表达诉求，让当事人切实感到依法律按程序就能公正有效解决问题。

《上访变下访 信访变信任——信访代办制在内蒙古各地见行见效》

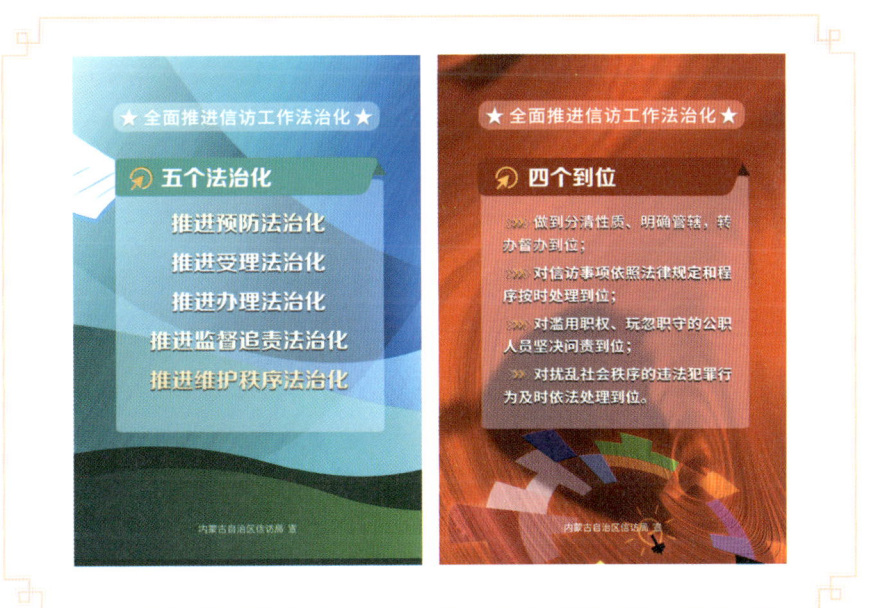

## 深度阅读

1. 中共中央党史和文献研究院：《习近平关于总体国家安全观论述摘编》，中央文献出版社2018年版。

2. 中共中央党史和文献研究院：《习近平关于防范风险挑战、应对突发事件论述摘编》，中央文献出版社2020年版。

3. 中共中央党史和文献研究院：《习近平关于基层治理论述摘编》，中央文献出版社2023年版。

# 第六章

## 在边疆地区联通国内国际双循环上作模范

> **习语金句**

要积极参与共建"一带一路"和中蒙俄经济走廊建设,提升对外开放水平,构筑我国向北开放的重要桥头堡,在联通国内国际双循环中发挥更大作用。要加强与京津冀、长三角、粤港澳大湾区和东三省的联通,更好融入国内国际双循环。

——习近平2023年6月在内蒙古考察时的讲话

# 第六章
在边疆地区联通国内国际双循环上作模范

2023年6月,习近平总书记在内蒙古考察时强调,内蒙古要"在联通国内国际双循环中发挥更大作用"。内蒙古自治区党委深入贯彻落实习近平总书记重要指示精神,提出要"在边疆地区联通国内国际双循环上作模范",主动服务国家对外开放战略,积极拓展国际交流合作和国内区域合作领域,打造联通内外辐射周边、资源集聚集散、要素融汇融通的全域开放平台,在联通国内国际双循环中发挥更大作用。

## 一、内蒙古在联通国内国际双循环中的优势条件和良好基础

### (一)优势条件

内蒙古在联通国内国际双循环中区位优势和开放条件得天独厚。内蒙古位于祖国正北方,横跨"三北",是京畿近地,内连八省、外接俄蒙,历史上就是"草原丝绸之路"和"万里茶道"的重要枢纽和通道,现在更是我国向北开放重要桥头堡和中蒙俄经济走廊的重要节点、国家西部陆海新通道的重要门户。在4200多公里的边境线上,内蒙古现有对外开放口岸20个,其中对蒙古国的边境口岸10个,对俄罗斯的边境口岸4个,

《内蒙古自治区建设国家向北开放重要桥头堡促进条例》

全国近半数中欧班列经东通道满洲里和中通道二连浩特通达欧亚多国多城。把区位优势转化为开放优势、发展优势，是习近平总书记对内蒙古的一贯要求。做好开放这篇大文章，更好联通国内国际双循环，内蒙古发展前景可期、前途无量。

《内蒙古对外开放口岸一览表》

## （二）良好基础

**与京津冀开展多领域交流合作**。京蒙全方位协作务实推进，截至2023年10月，两地共建清洁能源基地71个、农畜产品生产加工基地606个、产业园区71个，累计引进282家北京优质企业落户内蒙古，完成投资超过1700亿元。2023年，京资进蒙新增150亿元，京师京医援蒙近千人，蒙电入京超200亿度，蒙食进京超200亿元，京蒙互游突破1000万人次。

**将长三角地区作为招商引资重点区域**。近年来，内蒙古与长三角地区在承接产业转移、能源资源开发利用、技术创新、生态建设等多个方面深化合作、交流频繁，双方有着共同需求，实现了差异互补，一批长三角地区优质企业已相继落户内蒙古。

**高度重视同粤港澳大湾区的经济合作**。通过近年来共同努力，内蒙古与粤港澳大湾区的互动更为频繁、合作更为广泛，成效十分显著。2016年1月—2022年3月，广东省企业在内蒙古实施项目333个，涉及房地产、能源、装备制造、医药化工、农牧业等领域，引进到位资金782.76亿元。

内蒙古对内对外开放基本格局示意图

**内蒙古东部地区与东三省初步建成制度化合作机制。**内蒙古东部地区与东三省互联互通的交通体系正在形成，并在能源、化工等领域密切协作，取得了丰硕的合作成果。

在联通国际大循环方面，内蒙古积极参与共建"一带一路"和中蒙俄经济走廊建设，服务和促进国家向北开放。

**与共建"一带一路"国家贸易往来持续活跃。**"一带一路"倡议提出10余年来,内蒙古与"一带一路"合作伙伴的经贸关系日益密切,与共建"一带一路"国家进出口贸易额从2013年的535亿元上升到2023年的1522.1亿元,年均增长率达到11%,占内蒙古进出口额的比重从71.9%升至77.4%。除去俄罗斯和蒙古国,与共建"一带一路"其他国家的进出口贸易额占比从2013年的23.6%升至2023年的24.2%,提升了0.6个百分点。2023年,内蒙古对共建"一带一路"国家进出口增速达40.9%,高于整体贸易增速10.5个百分点。

随着"一带一路"建设深入推进,满洲里口岸作为亚欧物流重要枢纽作用得到有效发挥,中欧班列开行不断取得新突破。图为集装箱换装现场

**与共建"一带一路"国家双向直接投资规模持续扩大。**截至2023年5月末,内蒙古企业在俄罗斯、蒙古国、柬埔寨、印度尼西亚、新加坡等28个"一带一路"国家设立境外投资企业354家,占全区境外投资企业的74.37%,中方协议投资总额36.26亿美元;来自韩国、俄罗斯、蒙古国、新加坡、萨摩亚等20个"一带一路"国家的外国投资者在内蒙古设立外商投资企业105家,占全区外商投资企业的13.29%,投资总额21.7亿美元;内蒙古在蒙古国、俄罗斯、南非、柬埔寨等国家和地区设立近200个境外资源勘探开发、境外制造加工及带动出口(含境外带料加工)项目。

**与俄蒙两国贸易规模稳定增长。**近年来,蒙古国和俄罗斯始终位居内蒙古贸易伙伴的前两位,进出口总额占据内蒙古对外贸易总额近半壁江山。2023年,内蒙古与俄蒙两国的进出口贸易总额为1045.6亿元,占全区对外贸易总额的53.2%。其中,与蒙古国贸易额为699亿元,增长50.7%,占全区对外贸易总额的35.6%,占全国与蒙古国贸易额的59.8%;与俄罗斯贸易额为346.6亿元,增长77.3%,占全区对外贸易总额的17.6%。

《内蒙古对外开放平台一览表》

**与俄蒙两国投资合作务实推进。**与俄蒙两国地方政府建立起多层次互访和协商会晤机制。主动承接落实中俄、中蒙开放合作重大任务，不断完善涉俄蒙产业园区、跨境经济合作区及中蒙博览会等各类投资合作平台。截至 2023 年 5 月末，内蒙古企业已在俄蒙两国设立境外投资企业 288 家，占全区境外投资企业的 60.5%，中方协议投资总额 22.76 亿美元；来自俄蒙两国的外国投资者在内蒙古设立外商投资企业 39 家，占全区外商投资企业的 4.94%，投资总额 1.33 亿美元。

## 二、推进思想大解放和观念大更新

在边疆地区联通国内国际双循环上作模范，首要前提是推进思想大解放和观念大更新。现在的内蒙古，比以往任何时候都迫切需要进一步解放思想，推进改革开放。地理上的边疆，换个角度看，其实是开放的前沿。能不能站在前沿的舞台，就看有没有互联互通的开放决心，有没有与时俱进的思想观念。

### （一）树立争创一流、赶超争先的雄心壮志

邓小平同志早就预言内蒙古发展起来很可能走进前列。习近平总书记在 2023 年 6 月考察内蒙古时指出，内蒙古在能源基地建设上"方向明确、路子对头、前景很好，大有作为、大有前途"。基于内蒙古当前经济发展的主客观条件，全区

上下要树立加快发展、大抓发展的理念，把在一些领域创一流、当标兵的雄心壮志树起来，敢于赶超争先，大胆学习借鉴，共同打响"投资内蒙古"品牌，努力提升内蒙古在全国发展大局中的分量和位次，这也是内蒙古提振市场信心的关键所在。

### （二）摒弃七种不合时宜的思想观念

着眼破除制约内蒙古加快发展、高质量发展的思想观念，内蒙古自治区党委十一届五次全会提出了要端正发展观念、做到"七个摒弃"的重要要求。

**摒弃"我不如人"的念头。**内蒙古资源之富集在全国首屈一指，尤其在能源领域，更是要素齐全、基础雄厚，已建

大力发展优势特色产业。图为呼和浩特中环产业园生产的光伏单晶硅棒

成全国最大的煤电基地、全球最大的煤化工基地，国家规划建设的5个大型风电光伏基地有4个（库布其、乌兰布和、腾格里、巴丹吉林沙漠）在内蒙古。同时，内蒙古拥有独特的政策资源优势，同时享有西部大开发等国家重大战略政策支持。全区上下要自信自强，拿出奋起直追、迎头赶上的劲头，在优势特色产业领域加紧谋划实施一批标志性、引领性重大项目，抢占制高点，掌握话语权，以优势特色产业领跑、带动地区经济后来居上。

**摒弃"发展不能太急了"的想法。** 当前新能源发展迎来重大机遇，但市场容量有限。只有抢抓新能源发展机遇，加快布局新能源产业，内蒙古的经济发展才能有大的发展。农牧业、现代煤化工、文化旅游等领域也是如此。全区上下要增强"等不起"的紧迫感和"慢不得"的危机感，抢抓机遇，大干快上，只争朝夕，对看准的工作抓紧布局推进。

**摒弃"重过程不重结果"的意识。** 在招商引资工作中，既要管招引项目，更要管项目落地，坚决遏制新增"半拉子"工程。全区上下要强化成果意识、结果导向，做任何工作都要拿结果说话。考核要以实绩论英雄，尤其是招商引资，不能只看协议数、项目数，更要看资金到位率、项目投产率。

**摒弃"没有成方不敢开药"的做法。** 2022年12月6日召开的中共中央政治局会议强调，"要坚持真抓实干，激发全社会干事创业活力,让干部敢为、地方敢闯、企业敢干、群众敢首创。"这为提振全社会干事创业的精气神提供了科学指引和基本遵循。全区上下要强化"有解思维",对方向和目标明确的工作敢闯敢试、敢为人先,只要符合发展要求、不违反政策法规,就大胆创新、勇于尝试,多用新理念、新思路、新方法破除难题。

**摒弃"看眼前不看长远"的思维。**在政府举债和煤炭资源开发等领域,全区上下一定要破除短期思维,树立长期意识,坚持效益优先,既算眼前账又算长远账、整体账、综合账,努力实现发展效益的最大化。

**摒弃"不讲细节、差不多就行"的心态。**搞经济建设切忌粗枝大叶,搞城市建设杜绝盲目铺大摊子,而应不断完善城市功能和精细化管理。全区上下无论干什么,都要注重细微细小、追求高品质,要重"面子"更要重"里子",在细致中打造精致、追求极致。

**摒弃"重生产轻经营"的观念。**做强农畜产品就地精深加工和实现产销无缝对接,是带动内蒙古农业增效、农牧民增收致富的重要途径。全区上下一定要树立抓发展必须抓经营的理念,想方设法把资源的增值效应充分发挥出来、把产品的增值收益尽量留在当地,更好地带动地方经济发展。

## （三）强化四个重要理念

内蒙古自治区党委十一届六次全会提出，强化"改错就是改革""理顺和健全体制机制就是解放和发展生产力""节约就是增长、就是发展""深化区域合作也是开放"的重要理念。

**改错就是改革。** 各级政府要把更多精力放在整改和解决问题上，结合主题教育检视整改，从改问题抓起，什么当紧就先解决什么，什么突出就着力破解什么，在改的过程中找工作思路、找办法。

**理顺和健全体制机制就是解放和发展生产力。** 要聚焦防沙治沙、节约用水、科研成果推广应用、开发区建设、与央企合作、土地和碳汇指标交易、水权交易、信访代办、治理政府拖欠企业账款等，抓紧健全完善相关制度机制，用机制改进工作、提升质效。

**节约就是增长、就是发展。** 内蒙古地大物博，但省下来就是挣下的，所以要继续深化"五个大起底"，把能、水、粮、地、矿、材等社会各领域的资源全面节约工作抓起来，多给子孙后代留财富。

**深化区域合作也是开放。** 内蒙古开放发展不单单包括对外开放、向北开放，还包括对内开放，融入国内大循环。作为内陆沿边地区，内蒙古开放发展更紧迫的是加强与京津冀、长三角、粤港澳大湾区和东三省的联通,尤其是要深化京蒙全方位协作,加快内贸外贸一体化发展,以国内大市场支撑对外开放、向北开放。

各级领导干部应完整、准确、全面把握和贯彻新发展理念,树立世界眼光和国际视野,增强开放发展意识,真正把思想转过来、把观念扭过来,跳出当地、跳出自然条件限制谋发展,在更大范围、更宽领域、更深层次上推进全方位开放,切实把区位优势转化为开放优势、发展优势。

## 三、更好融入国内国际双循环

在边疆地区联通国内国际双循环上作模范,关键核心是更好融入国内国际双循环。要主动服务国家对外开放战略,落实国家区域重大战略和区域协调发展战略,牢牢把握"两个屏障""两个基地"和"一个桥头堡"的战略定位,立足内蒙古各地比较优势,积极拓展国内区域合作和国际交流合作,着力提升全方位开放的层次和水平。

### (一)全面深化国内区域合作

全面深化国内区域合作,积极打造国内大循环的重要节点。内蒙古要紧抓发展机遇,加强与京津冀、长三角、粤港澳大湾区和东三省的联通，借势发力、借船出海、借梯登高，积极承接先进产业转移，创新开展招商引资，推动区内产业链、创新链、供应链、价值链与全国大市场全面对接、深度融合。

**积极融入京津冀协同发展。** 内蒙古与京津冀地区地缘相邻、人文相融，要立足资源环境承载能力、发挥各地比较优势，以邻近北京的盟市为重点，强化与京津冀地区全面合作，构建京津冀协同发展的高水平开放平台。深化京蒙全方位协作。深入贯彻落实京蒙协作六个"倍增计划"，努力为首都提供更多的绿色能源和绿色农畜产品，积极吸引首都更多资源和

深化农畜产品销售协作。图为乌兰察布农特产品在北京销售现场

要素参与内蒙古开发建设，打造大北京带动大内蒙古、大合作促进大发展的东西部协作"京蒙样板"。推进与津冀两地对口合作、协同发展。鼓励二连浩特口岸与天津港建立对口联系，加强与天津、河北等省市港口资源共享和内陆港合作，共同打造陆港群。大力推进蒙晋冀（乌大张）长城金三角合作区建设。在基础设施互联互通、生态环境共建共享、产业分工协作等方面打造协同发展区，更好服务和整体融入首都经济圈。加快"进军"雄安。积极支持和服务雄安新区建设，更好从中找机遇、抢先机，助力内蒙古更好融入京津冀协同发展大局。

### 京蒙协作六个"倍增计划"实施方案

| 平台载体 | | 重点任务 | 发展目标 |
| --- | --- | --- | --- |
| 教育 | 9项 | 实施"内蒙古教师队伍能力提升"计划、京蒙教育远程互助工程、打造"内蒙古校（园）长工作室"、推进"组团式"教育帮扶、支持职业教育创新发展、加大京蒙高等学校合作交流力度、推动京蒙结对旗县教育协作高质量发展、开展青少年学生研学活动、完善社会力量参与教育协作机制 | 到2025年，京蒙教育协作布局更加科学，自治区教师队伍能力和学校干部管理理念进一步提升，学校建设、区域教育持续加强，高等教育、职业教育合作交流进一步深化，新时代智慧教育新生态逐步形成。 |

续表

| 平台载体 | 重点任务 | | 发展目标 |
|---|---|---|---|
| 医疗 | 3项 | 实施建设临床重点专科、推动北京互联网医院落地、推动盟市三级医院重点专科协作 | 到2025年，京蒙互联网医疗、远程会诊、远程医学影像诊断等服务全面开展，医疗资源高效对接，建成2个标志性医疗合作项目、建设一批临床重点专科、带出一批专科人才、填补一批技术空白、完善一批管理制度，内蒙古三级医院重点专科管理、业务水平显著提升，群众跨省转诊就医率明显降低。 |
| 农畜产品销售 | 6项 | 实施优化农畜产品供给、提升农畜产品质量、打造特色品牌体系、对接定向采购需求、拓展产销对接渠道、加大宣传推介力度 | 到2025年，农畜产品在京及京外消费金额突破260亿元，农畜产品销售协作机制更加健全，形成以市场为主导，政府、市场、社会协同推进的京蒙消费帮扶可持续发展模式。 |
| 旅游 | 6项 | 完善文旅产业协作机制、打造文化旅游精品、拓展交流合作领域、加强宣传推广工作、加大资金引导力度、畅通人才交流渠道 | 到2025年，京蒙互游突破1500万人次，人均日消费超过1500元。 |

续表

| 平台载体 | 重点任务 | 发展目标 |
|---|---|---|
| 产业合作 | 7项 支持绿色农畜产品生产加工基地建设、助力国家重要能源和战略资源基地建设、协同助推新能源装备制造业、稀土产业、大数据产业提档升级、积极引导更多企业落地、全面支持共建产业园区、发挥产业对接平台效能、加强产业基础设施建设 | 实现每年引进北京企业不少于10家、新增投资不少于10亿元，新建产业园区不少于2家，推动达成实质性合作意向的北京企业不少于10家，投入产业基础设施建设资金不少于3亿元。到2025年，京蒙产业协作持续深化，建立起与北京市全域对接的产业协作体系。 |
| 科技创新 | 4项 实施科技创新平台提质升级行动、重大关键技术联合攻关行动、科技人才智力引育行动、科技成果转移转化行动 | 到2025年，京蒙科技合作机制进一步完善，助力两地科研院所、高等院校、科技型企业等各类社会创新机构和创新主体共建创新平台突破150家，国家级创新平台高效运行，助力两地各类社会创新机构和创新主体实施科研项目达到600项以上，助力两地3个以上高新区建立定期沟通对接关系，实施一批重点示范工程，培育一批高新技术企业和人才团队。 |

**加强与东部沿海地区交流合作**。聚焦长三角、粤港澳大湾区，利用沪蒙、苏蒙、粤蒙等战略合作平台，推动全方位互联互通，吸引集聚资本、技术、人才等高端要素，以合作促开放。深化与长三角地区的合作。加强内蒙古与长三角地

区在农牧业和农畜产品生产加工、传统资源型产业升级和新能源开发利用、高端装备制造等战略性新兴产业、承接加工贸易产业转移、现代服务业和大数据等领域合作，探索飞地经济等利益共享模式。加强同粤港澳大湾区经贸合作。依托陆、铁、空通道，特别是中欧班列加强协作联动，加强科技创新、能源经济、数字经济、现代农牧业、现代服务业等领域合作，共同构建产业多元发展大格局。开展主要领导带队招商、干部专职招商、驻外招商、以商招商、推广产业链招商，紧盯粤港澳大湾区大企业、大项目进行点对点招商。积极对接粤港澳大湾区的各类商会、协会、企业家联盟等各类团体，搭建两地企业对接交流平台。

**深度融入东北全面振兴。** 内蒙古东部 5 盟市与东三省山水相连，文化和自然环境相似，产业分工协作密切，具备良好的合作基础。继续完善与东三省区域合作与协同发展机制，推进产城融合，整合各自对外开放优势，推动吉南辽北与内蒙古东部联动发展。紧抓国家实施新一轮东北振兴战略的契机，扎实推进"科技兴蒙"行动，有力支撑内蒙古东部地区走生态优先、绿色发展为导向的高质量发展新路子。依托东三省丰富的科教资源，强化创新合作和产业协作，探索资源型地区转型发展新路径。赤峰、通辽作为国家承接产业转移示范区，要聚焦优势特色产业加大招商引资力度，着力发展壮大绿氢、绿氨、绿醇等产业，推动"双子星"快速发展。赤峰做实"有色金属之乡"，大力发展绿色锂基铝基新材料产业；通辽加快建设东北地区最大的陆上风电装备制造基地，加快构建绿色低碳现代产业体系，以扩大科技开放合作，凝聚创新强大合力。打破区域合作壁垒，协同构建向北开放新发展格局。推动西部陆海新通道建设，推进锡林郭勒—赤

扎实推进"科技兴蒙"行动。图为机械手在通辽市福耀玻璃公司生产线上生产

峰—朝阳—锦州、四平—辽源—铁岭—通辽、哈尔滨—大庆—齐齐哈尔—呼伦贝尔协同创新。鼓励满洲里口岸与大连港、锦州港建立对口联系,支持赤峰与锦州港深度合作。学习借鉴中韩(长春)国际合作示范区、中日(大连)地方发展合作示范区成功经验,辐射带动内蒙古与日本、韩国产业深度合作。

### (二)积极参与共建"一带一路"

积极拓展国际交流合作,打造国内国际双循环的战略支点。积极参与共建"一带一路"和中蒙俄经济走廊建设,推动对外开放,向中亚、东北亚乃至欧洲和全世界拓展,在高水平对外开放中推动实现高质量发展。

**深度参与中蒙俄经济走廊建设。**继续巩固与俄罗斯、蒙古国经贸合作关系,提升合作质效。完善合作机制,健全多层次沟通交流机制。加强通关合作,积极开展中蒙、中俄间货运现场共用监管场所、共用监管设备统筹共建和共享共用。加强中蒙俄动植物疫情疫病信息定期会晤通报、联防联控和技术交流合作机制。充分发挥中蒙国际标准化论坛作用,拓宽标准化合作渠道,促进标准和创新协同发展。深化经贸投资合作。促进对外贸易增量提质,扩大对俄罗斯出口规模,优化对蒙古国出口结构。深化能源、农牧业、金融、航空、数字经济等领域合作,积极发展铜、铁、煤、木材、粮食等主要进口产品精深加工。继续完善与俄蒙两国各类开放合作平台,积极申建中国(内蒙古)自由贸易试验区。深化人文交流。扩大与蒙古国、俄罗斯高等院校联合培训和办学范围,优化留学生专业结构、学历层次;拓宽文化交流渠道,加强文学作品创作交流。充分发挥中蒙俄智库联盟合作平台作用,拓展智库合作空间。创新旅游合作模式,完善跨境旅游合作基础设施,推动中蒙俄"文化+旅游"融合发展。深化科技合作。提升中国-蒙古生物高分子应用联合实验室综合效能,加强中蒙、中俄科技联合攻关和人才联合培养,开展农牧业、生态环保等领域重大科技项目合作。开展医疗卫生合作。积

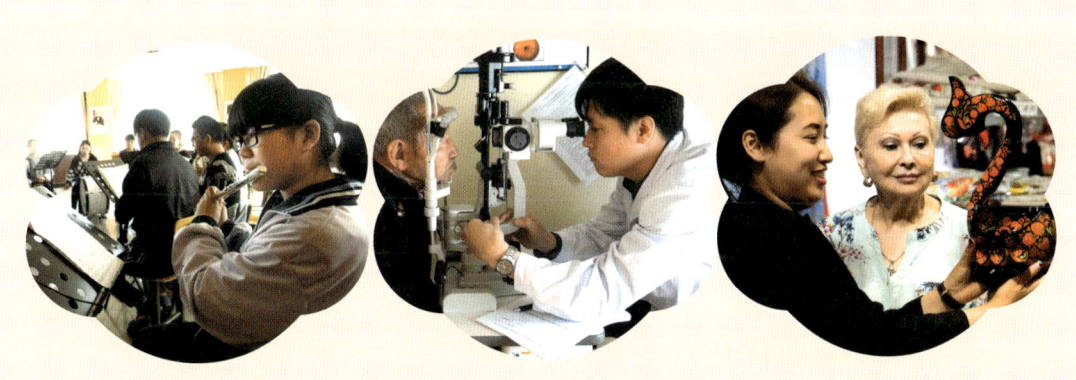

拓展与蒙古国、俄罗斯多领域交流渠道。左图为蒙古国留学生在内蒙古学习乐器,中图为内蒙古国际蒙医医院专家团赴蒙古国基层医院义诊,右图为俄罗斯商户向中国游客介绍当地工艺品

极在俄罗斯、蒙古国设立中蒙俄医疗合作院分院,建设中蒙俄远程会诊平台,推动中医药(蒙医药)"走出去"。

**继续提升与共建"一带一路"国家经贸合作**。重点开拓中蒙俄经济走廊延伸国家市场,扩大与哈萨克斯坦、乌兹别克斯坦、土库曼斯坦、吉尔吉斯斯坦等中亚国家的贸易规模。扩大矿用车、重汽、铁路货车及零部件、钢材等产品出口,扩大资源能源类产品进口规模,积极发展服务贸易和加工贸易。大力发展跨境电子商务、市场采购贸易、外贸综合服务企业等新业态、新模式,鼓励有实力的跨境电商企业在共建"一带一路"国家、中欧班列重要节点城市和地区建设海外仓和海外运营中心。积极支持数字产品贸易,优化数字服务贸易,推进数字技术贸易,探索数据贸易,加快贸易全链条数字化赋能。拓展"一带一路"国际产能合作,鼓励支持内蒙古优势产业"走出去",参与矿产资源、农牧业等境外经贸合作区建设,推动产业合作由以加工制造环节为主向合作研发、联合设计、市场营销、品牌培育等高端环节延伸。

## 四、全面优化营商环境

在边疆地区联通国内国际双循环上作模范,着力重点是全面优化营商环境。党的十八大以来,习近平总书记高度重视优化营商环境,作出了一系列重要指示要求,强调"营商环境只有更好,没有最好"。

内蒙古深入贯彻落实习近平总书记的重要指示,全面优化营商环境,深化"放管服"改革,推进涉案企业合规改革,激发和弘扬企业家精神,做好尊商亲商、安商便商工作,构建亲清政商关系,营造市场化、法治化、国际化营商环境。紧紧盯住"卡脖子"的基础设施短板,推进交通、物流等设施联网、补网、强链,不断完善跨省跨境、互联互通的基础设施网络。

### (一)深化"放管服"改革

**深化"证照分离"改革,进一步激发市场主体发展活力。**2021年7月起,内蒙古全面推进"证照分离"改革。按照《中央层面设定的涉企经营许可事项改革清单(内蒙古自治区2021年版)》《地方层面设定的涉企经营许可事项改革清单(内蒙古自治区2021年版)》,对中央层面523项及自治区范围内设定的18项涉企经营许可事项,采取直接取消审批、审批改为备案、实行告知承诺、优化审批服务4种方式分类实施审批制度改革,推行涉企审批事项清单式管理,推动实现"证照分离"全覆盖。

**加强跨部门综合监管,进一步强化条块结合、区域联动,**

**完善协同监管机制。** 2023年10月，内蒙古制定出台《内蒙古自治区深入推进跨部门综合监管实施方案》，对食品、药品、建筑工程质量、非法金融活动等领域开展跨部门综合监管，并将跨部门综合监管事项纳入自治区"互联网+监管"系统进行统一管理，全面实施监管事项"一张清单"、监管业务"一张网"、监管数据"一张图"。同时，根据企业"风险+信用"评价结果开展差异化监管，积极实施综合监管"一业一册"告知制度，一类事项制定一册合规经营指南，一次性告知经营主体合规经营要求。

**深化政务服务改革，进一步提升线上线下政务服务能力。** 2024年5月，内蒙古制定出台《内蒙古自治区关于优化政务服务提升行政效能推动"高效办成一件事"的实施意见》，指出持续深化政务服务"一网、一门、一线"改革，统筹推动"5+8+3+N"个"一件事"高效办理，即迭代升级已上线的5个"一件事"，合力攻坚国务院新增的8个"一件事"，聚力抓好自治区确定的3个工程领域"一件事"，广泛发动各地区创新推出N个地方特色"一件事"，尤其要注重推动"一网办""掌上办""一次办""帮您办"等"蒙速办"政务服务品牌再升级，形成泛在可及、智慧便捷、公平普惠的高效政务服务体系。

第六章
在边疆地区联通国内国际双循环上作模范

持续深化政务服务改革，优化营商环境。鄂尔多斯市全面实施"一件事一次办"套餐式服务。图为康巴什区政务服务中心工作人员为群众办理相关业务

## （二）做好尊商亲商、安商便商工作

**强化政务诚信建设，充分发挥政府在诚信建设中的表率示范作用。**2021年10月，内蒙古制定出台《内蒙古自治区加强政务诚信建设的实施方案》，提出了加强内蒙古政务诚信建设的11个方面工作任务。其中，在公正监管方面，不断完善"双随机、一公开"监管制度，并将衔接事前、事中、事后全监管环节的工作机制纳入政务诚信建设任务当中；在信息归集方面，全面归集自治区各级行政事业单位及公职人

员的基础信息、增信信息、一般失信信息、严重失信信息、风险提示信息 5 类公共信用信息；在评估考核监督方面，不仅对各盟市开展季度监测和年度评估相结合的政务诚信监督考核工作，而且对各盟市和自治区直属机关开展政务诚信年度考核。

**不断优化招商引资"软环境"**。2023 年 1 月，内蒙古召开了招商引资暨优化营商环境大会，指出全区上下要聚焦聚力抓好招商引资。围绕自治区的"大盘子"，聚焦产业升级、生态环保、公共服务等重点领域科学谋划储备一批项目，同时按年度编印《内蒙古投资指南》，建立健全面向知名企业、龙头企业等的重点招商引资项目储备库，提升招商引资质效。积极推动惠企政策落实兑现，聚焦"政策落地工程"，用足用好自治区享有的西部大开发、黄河流域生态保护和高质量发展、"三北"工程攻坚战等国家战略支持政策，以及国家对欠发达地区、资源型地区、边疆地区、民族地区的支持政策，切实把政策红利变成现实生产力。

## （三）紧紧盯住"卡脖子"的基础设施短板

**构建现代化综合交通运输大通道**。内蒙古以"联网、补网、强链"为重点，精准补齐交通网络短板，不断推进"横贯东西、纵连南北、顺通北京、畅联八省、抵边达海、城乡一体"的现代化综合立体交通网建设。加快完善国家

"6轴7廊8通道"综合立体交通网主骨架京藏走廊、西部陆海走廊、绥满通道、二湛通道、京延通道、沿边通道等自治区范围内路段，建设涵盖公路、铁路和民航的"四横十二纵"综合运输大通道，形成东部、中部、西部交通协调发展新格局，提高区内交通基础设施联通水平。

> **知识链接**
>
> **"四横十二纵"综合运输大通道**
>
> 蒙西通道（横一）、蒙东通道（横二）、东西通道（横三）、沿边通道（横四）、满洲里至哈尔滨通道（纵一）、阿尔山至长春通道（纵二）、霍林郭勒至沈阳通道（纵三）、珠恩嘎达布其至锦州通道（纵四）、二连浩特至秦皇岛通道（纵五）、锡林浩特至北京通道（纵六）、二连浩特至太原通道（纵七）、苏尼特右旗至朔州通道（纵八）、满都拉至西安通道（纵九）、甘其毛都至盐池通道（纵十）、乌力吉至重庆通道（纵十一）、策克至酒泉通道（纵十二）。

**打造多层次一体化综合交通枢纽体系**。内蒙古以交通枢纽衔接能力建设为核心，积极畅通交通网络微循环。加快推进综合客运枢纽一体化建设，建设呼和浩特新机场、包银高铁巴彦淖尔站、乌兰浩特市高铁综合客运枢纽项目。稳步推进综合货运枢纽集约化发展。加快建设"呼包鄂乌"交通枢纽集群，推动赤峰、鄂尔多斯、乌兰察布区域性综合交通枢纽，积极推动满都拉口岸国际公路物流园区、甘其毛都口岸加工园区物流园等货运枢纽项目建设和满洲里、二连浩特综合枢纽口岸建设。

> **深度阅读**
>
> 1. 习近平：《新发展阶段贯彻新发展理念必然要求构建新发展格局》，《求是》2022年第17期。

## 第七章

# 在弘扬新风正气上作模范

## 习语金句

推动改革发展事业，关键在党，关键在广大党员干部要有优良的工作作风。实践证明，抓作风建设最重要的是讲认真。各级党组织要弘扬认真精神，坚持高起点开局、高标准开展、高质量推进第二批群众路线教育实践活动，尤其要在坚持抓严、认真抓实、切实抓长上下功夫，真正做到让党员、干部思想上受教育、作风上有转变，让广大群众感到变化、感到满意。全党同志特别是领导干部一定要讲修养、讲道德、讲廉耻，追求积极向上的生活情趣，养成共产党人的高风亮节，做到富贵不能淫、贫贱不能移、威武不能屈。

——习近平2014年1月在内蒙古考察时的讲话

# 第七章
## 在弘扬新风正气上作模范

内蒙古自治区党委提出要"在弘扬新风正气上作模范",这是习近平总书记的期望和要求,也是内蒙古完成好两件大事的重要保障。新征程上,内蒙古要继续深化落实全面从严治党战略部署,传承弘扬党的优良传统和作风,破立并举、综合施策,推动广大干部群众以永不懈怠的精神状态、一往无前的奋斗姿态投身中国式现代化的内蒙古实践,以好作风、好形象奋进新征程、建功新时代,向习近平总书记和党中央、向全区各族人民交出满意答卷。

### 一、弘扬新风正气是我们各项事业发展的重要保障

**保持风清气正的政治环境是做好各项工作的关键。**风清则气正,气正则心齐,心齐则事成。习近平总书记指出,"政治生态好,人心就顺、正气就足;政治生态不好,就会人心涣散、弊病丛生。"只有保持风清气正的政治环境,把严的主基调长期坚持下去,加强对党员干部特别是领导干部的教育管理监督,才能有效激发干部队伍的生机活力,为党和国家各项事业发展提供坚强组织保障。党的百年奋斗历程表明,良好的政治生态既是涵养培育党的光荣传统和优良作风的生成土壤,振奋焕发党的旺盛生机的动力源泉,也是确保完成党在革命、建设、改革各个历史阶段各项中心任务的重要前提和有力保障。

**弘扬新风正气是完成好两件大事的根本保证。**好作风是战斗力，也是推动力，更是凝聚力。弘扬新风正气的成效如何，事关内蒙古以什么样的精神状态、奋斗姿态全方位建设模范自治区，事关内蒙古能否实现闯新路、进中游的目标，事关内蒙古的形象和各族人民的福祉，事关内蒙古能否完成好习近平总书记交给内蒙古的五大任务，事关内蒙古能否扛起在推进中国式现代化中的重大政治责任。两件大事，内容涵盖内蒙古的政治、经济、文化、社会、生态、改革开放、党建等各个领域，是一项内容上全覆盖、责任上全链条的系统工程，任务十分艰巨繁重，需要始终以"永远在路上"的清醒和坚定，维护干事创业的良好政治生态。只有保持风清气正的政治环境，以优良的党风政风带动社风民风持续优化，使新时代新风正气不断充盈，才能有力应对各种风险挑战，在危机中育先机、于变局中开新局，在抓住机遇与应对挑战中筑牢高质量发展的根基，更好地推动两件大事的完成。

新征程上，我们更要把弘扬新风正气摆在更加突出的位置，以新风正气增强干部责任感，推动各级党组织和党员干部以昂扬向上的精神状态奋进新征程、建功新时代。保持风清气正的政治环境，是一项系统工程，既需要做好顶层设计和全面筹划，久久为功去推进，也需要党员干部增强历史主动，勇于担当尽责，脚踏实地去落实。

## 二、以好作风奋进新征程

习近平总书记对内蒙古的重要讲话重要指示批示中，多次就加强作风建设提出要求。2023年6月，习近平总书记在内蒙古考察时对"以学正风"提出明确要求，强调要大兴务实之风、弘扬清廉之风、养成俭朴之风。这既是着眼主题教育进程作出的政治考量，也是针对内蒙古推进全面从严治党走向纵深提出的政治要求，必须从政治上看、政治上办。

### （一）大兴务实之风

2023年6月，习近平总书记在内蒙古考察时强调，"要大兴务实之风，抓好调查研究，在察实情、出实招、求实效上下功夫，把工作抓实、基础打实、步子迈实，在力戒形式主义、官僚主义上取得明显实质性进展，以这次主题教育为契机，将调查研究发扬光大。"对内蒙古而言，聚焦聚力办好两件大事，奋力书写中国式现代化内蒙古新篇章，没有捷径可走，唯有依靠务实的作风、实干的劲头，把使命责任扛在肩上，对当务之急立说立行、紧抓快办，对长期任务滴水穿石、久久为功，如此才能将美好蓝图变为现实，用发展实效赢得未来。

**完善干部鼓励激励、容错纠错、能上能下等机制。** 2022年以来，针对一些干部干工作没有激情、不在状态、作风懒散等问题，内蒙古自治区党委制定出台激励干部担当作为12条措施、容错纠错8条意见、领导干部能上能下实施细则等制度，制定出台树立和践行正确政绩观15条具体措施，实施评选"担当作为好干部"并及时提拔使用或晋升职级等措施，打出一套正向激励、关心关爱、容错纠错、正风监督的"组合拳"，推动愿担当、敢担当、善担当蔚然成风。

在"规范、精减、提速"上下功夫，全力整治"三多三少三慢"问题，切实把工作效率提上来。针对内蒙古一些干部身上

《内蒙古出台务实举措激励干部担当作为 为实干者撑腰 为干事者鼓劲》（《人民日报》）

《人民日报》对内蒙古选树"担当作为好干部"一事的报道

存在的作风"慢、粗、虚"和工作中存在的"三多三少三慢"问题，内蒙古自治区党委对症下药、精准施策，提出"规范、精减、提速"的工作要求。规范，就是规范职责履行、规范办事规矩、规范权力行使，既不能失职，也不能越权。精减，就是要下决心继续精减文件、精减会议、精减临时机构、精减规范督查检查、减少陪会陪同，严防文山会海隐形变异、反弹回潮。提速，就是要做到决策拍板果断、执行落实迅速、谋划工作超前，只争朝夕。一段时期以来，内蒙古持续在"规范、精减、提速"上下重拳、出狠招，把"三多三少三慢"问题纳入专项整治，持续深化"优化职能职责、优化工作流程"专项行动，开展"提标、提速、提效"专项行动……现

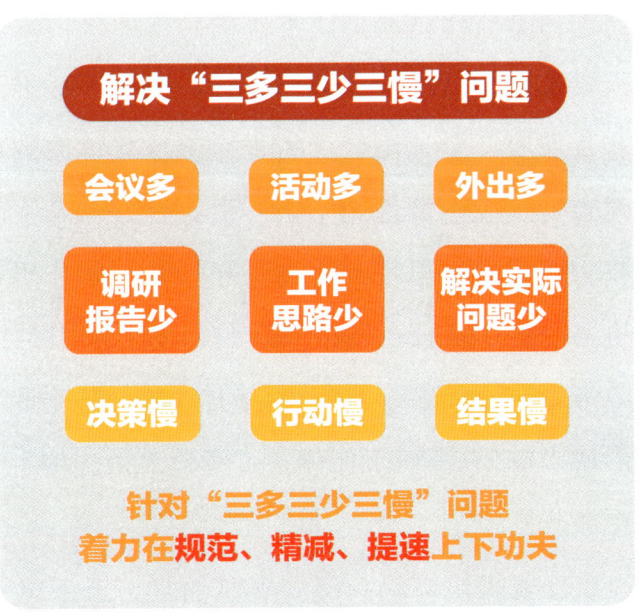

在，平均每个事项减环节 1 个、减材料 1.5 件、减时限 13 天。

## （二）弘扬清廉之风

2023年6月，习近平总书记在内蒙古考察时强调，"要弘扬清廉之风，教育各级领导干部牢固树立正确权力观，全面查找廉洁风险点，筑牢思想防线，坚守法纪红线。要按照'三不腐'要求健全相关制度、严格执纪，建好护栏。"作为党员干部，必须持续涵养求真务实、清正廉洁的新风正气，才能在新的赶考之路上考出好成绩。

**坚持一体推进"三不腐"，充分发挥以党内监督为主导促进各类监督贯通协调工作机制作用。** 内蒙古自治区党委深入落实全面从严治党战略方针，坚定不移推进党风廉政建设和反腐败斗争，出台《关于完善监督体系的十条意见》，搭建监督贯通协调信息平台，引导各级领导干部牢固树立正确权力观，筑牢思想防线，坚守法纪红线。研究制定《关于促进落实"五大任务"和全方位建设模范自治区进一步加强绩效考核工作的意见》，针对5个不同领域分别制定考核方案，形成"1+5"考核工作体系，考核"指挥棒""风向标"作用更加凸显。

**开展煤炭资源领域专项整治是习近平总书记和党中央交给内蒙古的重大政治任务。** 它事关全面从严治党和反腐败斗争，事关净化和修复政治生态，事关全区经济高质量发展和各族群众福祉，根本目的是要铲除滋生腐败、污染生态的"毒瘤"和温床，营造内蒙古绿水青山的自然生态、健康有序的经济生态、风清气正的政治生态。专项整治开展以来，在党中央坚强领导下，在中央纪委国家监委有力监督指导下，内蒙古自治区党委全力推进专项整治工作，在解决一批重大问题、查办一批重大案件、挽回一批国有资产损失、堵塞一批制度监管漏洞上取得了重要成果，挽回经济损失830余亿元，促进了煤炭领域规范健康发展，全区涉煤腐败问题得到全面整治，政治生态实现净化修复，良好社会效应逐渐形成，有力强化了党的领导，加强了党的建设，推进了全面从严治党。

### （三）养成俭朴之风

2023年6月，习近平总书记在内蒙古考察时指出，"要养成俭朴之风，把生活作风问题作为检视整改的重要内容，督促广大党员干部保持清醒头脑，筑牢贯彻落实中央八项规定及实施细则精神的堤坝。"内蒙古努力完成两件大事，向着闯新路、进中游目标奋勇前行，更需要发扬艰苦奋斗精神，传承勤俭节约的优良传统，用优良的党风政风带动社风民风，为推进中国式现代化贡献内蒙古力量。

**坚持过紧日子，严肃财经纪律，严格执行内蒙古"三个**

强制锁定"和政府投资负面清单。**2022 年,内蒙古自治区财政厅印发《关于贯彻落实过紧日子要求加强政府采购需求管理的通知》,要求加强政府采购需求管理,做好采购预算设定、采购方式选择、采购文件编制、评审方法选择、采购项目实施等工作,切实提升采购效率和质量,落实党政机关厉行节约过紧日子要求。2024 年,内蒙古自治区机关事务管理局出台《关于进一步落实习惯过紧日子重要要求的实施方案》,从严格预算执行、规范政府采购、严控"三公"经费支出、降低机关日常运行成本、推进节约型机关建设、加强固定资产管理等 7 个方面对党政机关过紧日子作出明确规定,将过紧日子要求常态化落实到日常服务保障工作全过程各方面,推动党政机关过紧日子在机关事务系统成为习惯和常态。

**开展"五个大起底"行动。** 2022 年,内蒙古以"五个大起底"行动为牵引深入实施全面节约战略,不断提升发展质效。"五个大起底"行动是内蒙古自治区党委作出的重要决策部署,是针对解决内蒙古经济领域长期存在的低质低闲置浪费问题开出的一剂良药,为全区上下进一步强化按照经济规律抓工作、树立效益优先、讲求资源节约、提高办事效率等意识奠定了重要基础、营造了重要氛围、创造了重要契机。截至 2023 年底,消化批而未供土地 14.6 万亩、处置闲置土地 1.2 万亩;推进解决草原过牧问题试点,力争试点旗县天然草原草畜平衡指数降到10%以下。2024年，内蒙古进一步促进资源节约集约利用，深化拓展"五个大起底"行动。

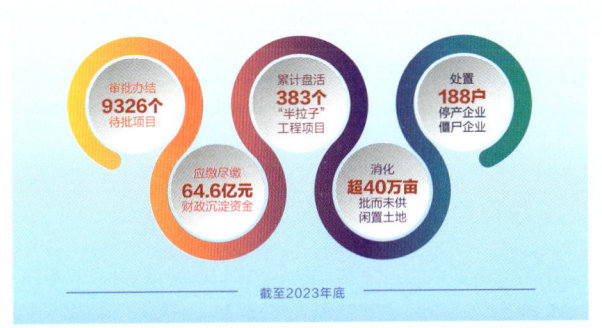

## 三、大力弘扬蒙古马精神和"三北精神"

人无精神则不立，国无精神则不强。习近平总书记曾多次以蒙古马精神勉励内蒙古各族干部群众，并赋予这一精神以"吃苦耐劳、一往无前，不达目的绝不罢休"的时代内涵。2023年6月，习近平总书记在巴彦淖尔主持召开加强荒漠化综合防治和推进"三北"等重点生态工程建设座谈会时要求内蒙古弘扬"艰苦奋斗、无私奉献、锲而不舍、久久为功"的"三北精神"。这两种精神相互联系、内在贯通，充分体现了长期以来内蒙古各族人民在艰苦条件下战天斗地、防风固沙、踏雪履冰、不屈不挠守卫祖国边疆、建设美好家园的可贵品质。这两种精神在内涵上是一致的，讲的都是一种顽强拼搏、敢战能胜的奋进姿态，都在强调韧劲、拼劲和干劲。

蒙古马精神和"三北精神"既是推动内蒙古各项事业发展进步的重要精神力量，也是实现中华民族伟大复兴的重要

精神底蕴。过去，内蒙古用实际行动践行了蒙古马精神，绘就了人民幸福安康的美好画卷，真正做到了脱贫路上一个农牧民都不落、全面小康一个民族都不少。新征程上，内蒙古将大力弘扬蒙古马精神和"三北精神"，深入挖掘其内涵意蕴和时代价值，精心组织研讨交流、宣传宣讲活动，从中汲取勇担使命的魄力、不畏艰辛的毅力、久久为功的定力，以更大力度和更实举措推进各项事业发展。

2024年，在"蒙古马精神美术摄影作品展"中展出的摄影作品《奔向未来》

## 四、以好形象建功新时代

习近平总书记对内蒙古一直牵挂于心,在参加十三届全国人大一次会议内蒙古代表团审议时说:"内蒙古广袤的边疆,辽阔的草原,美丽的自然景色,丰富的民族风情,勤劳的各族人民,给我留下了深刻的印象。"在庆祝内蒙古自治区成立70周年之际,习近平总书记欣然题词:"建设亮丽内蒙古 共圆伟大中国梦"。习近平总书记的题词承载着党中央对内蒙古继往开来、再谱新篇的殷切期望,深刻昭示了内

中央代表团赠予内蒙古的习近平总书记题词贺匾

蒙古前景广阔、使命光荣,时刻激励着内蒙古和全国各族人民精诚团结、矢志奋斗。

牢记习近平总书记和党中央的殷切嘱托,内蒙古全方位宣传展示自身的比较优势、特色品牌和发展成就,宣传展示内蒙古人民热情、和善、诚信、肯干的鲜明特质,把内蒙古壮美和美善美、可信可亲可爱的形象树立起来,进一步提升内蒙古的美誉度和影响力,以好形象建功新时代。

### (一)全面树立内蒙古壮美和美善美、可信可亲可爱的良好形象,进一步提升内蒙古的美誉度和影响力

祖国正北方,亮丽内蒙古。70多年来,一个个动人的故事塑造和传播着内蒙古真善美的形象。"三千孤儿入内蒙"的历史佳话,深情演绎了各族人民亲如一家的深情厚谊和内蒙古人民的大爱无疆;"最好牧场为航天"生动展现了北疆儿女心系祖国、顾全大局、无私奉献的家国情怀;"齐心协力建包钢"有力诠释了"团结是铁,团结是钢","奋斗创造历史,实干成就未来"的中华民族精神。步入新时代,"沙漠愚公"苏和、边境线上的"活界碑"尼玛、牧民心目中的"赛因察格达"宝音德力格尔……他们扎根基层、立足岗位,用心用情为群众办实事、做好事,展现了内蒙古各族干部群众甘于平凡、勇于奉献的精神风貌。

加强对先进典型的宣传报道工作。图为阿拉善盟阿拉善右旗守边戍边户尼玛（右）和儿子哈达布和在边境巡线

这些先进典型既是引领社会主流价值的鲜明旗帜，也是地区形象的人格化身。多宣传报道内蒙古充满正能量的人和事，能够让抽象的地区形象变得生动活泼、富有生气、可感可亲、可信可爱，对全面树立和展示内蒙古真善美的良好形象具有显著效应。

党的十八大以来，内蒙古选树了一大批先进典型和模范人物。"北疆楷模"是内蒙古自治区党委宣传部重点打造的重大典型宣传项目，旨在通过对内蒙古各条战线涌现出的充满时代感、饱含正能量的先进个人和集体进行隆重表彰，在全社会树立价值标杆、引领道德风尚、培育和践行社会主义核心价值观。"北疆楷模"的先进事迹通过大型融媒体节目《北疆楷模发布厅》进行全媒体发布,已发布数十位"北疆楷模"的先进事迹。他们的故事感人至深,他们的精神催人奋进,他们共同构成了内蒙古人的时代群像,展现了新时代内蒙古的良好形象。

《北疆楷模发布厅》节目现场

全方位建设模范自治区,关键在人,关键在于持续提振广大干部群众热爱内蒙古、建设内蒙古的信心和热情。充分发挥主流媒体主阵地作用,把内蒙古干部担当作为的形象立起来,把内蒙古人讲诚信、守信用的形象立起来,把内蒙古真善美的形象立起来,把内蒙古人不拖拉的形象立起来,把内蒙古人办事有规矩的形象立起来。让外界始终对内蒙古充满好感和信任，愿意和内蒙古人交朋友、谈合作，愿意来内蒙古投资兴业，共创未来。

### （二）全方位宣传展示内蒙古的比较优势、特色品牌、发展成就，进一步增强内蒙古的知名度和吸引力

内蒙古地域辽阔、物华天宝，是我国北方面积最大、种类最全的生态功能区，犹如一道万里绿色长城挺立在祖国北疆，为全国人民打造了超级"碳库"和纯净"氧吧"。内蒙古产业基础良好，发展潜力巨大，"头上有风光、脚下有煤炭、手中有电网"，是国家重要的"粮仓""肉库""奶罐"和"绒都"，"名特优新"农畜产品总数居全国首位，"蒙字号"产品畅销全国，行销世界。内蒙古内联八省、外接俄蒙，区位优势得天独厚，是中蒙俄经济走廊的重要节点、国家西部陆海新通道的重要门户，边境陆路口岸货运总量居全国首位，2023年内蒙古主要经济指标增速位居全国第一方阵。宣传好这些优势，对于全面树立和展示内蒙古的良好形象，进一步增强内蒙古的知名度和吸引力，让越来越多的人爱上内蒙古、留在内蒙古、建设内蒙古发挥着不可替代的作用。

为全方位宣传展示内蒙古的比较优势、特色品牌、发展成就，各级主流媒体精心组织重大主题宣传，紧跟自治区党委、

政府决策部署，聚焦落实五大任务、推进"六个工程"，深入报道全区上下贯彻落实《国务院关于推动内蒙古高质量发展奋力书写中国式现代化新篇章的意见》，锐意改革、踔厉前行的火热实践，全景展示内蒙古大有可为、大有作为的光明前景。2023年7月15日，由内蒙古自治区党委宣传部指导、内蒙古广播电视台推出的大型融媒体行动《把答卷写在北疆大地上》在内蒙古卫视等6个频道频率和奔腾融媒、北京时间等国内几十家主流权威新媒体平台同步播出。通过立体式传播、联动式发布、交互式推广，面向全国及亚太53个国家和地区全方位展示了内蒙古的比较优势、特色品牌、发展成就，

《把答卷写在北疆大地上》宣传海报

彰显了新时代内蒙古各族干部群众的担当作为和精神风貌，全国数以亿计的受众通过这档节目认识了内蒙古、了解了内蒙古、爱上了内蒙古。

2023年4月，由中国美术馆、内蒙古自治区党委宣传部主办，内蒙古日报社、内蒙古自治区文联承办的"内蒙古印象"摄影展及杭州等地的巡展引发热烈关注，全国35家媒体、

2023年4月，"内蒙古印象"摄影展中展出的摄影作品《旧貌与新颜》

近百名记者到场采访，各媒体共推出原创报道616篇(条)，短短6日累计浏览量6140万+，实现了"破圈"传播。上百件摄影作品生动反映了内蒙古各族人民牢记嘱托、感恩奋进，努力完成习近平总书记交给内蒙古的五大任务和全方位建设模范自治区的火热实践，全面展示了内蒙古的自然之美、发展之美、和谐之美、幸福之美。

形象镌刻着时代的印记，积淀着自然、历史、文化的丰厚底蕴，承载着人民对未来美好生活的追求和向往，是一个地区综合竞争力的直接体现。在信息化时代，形象就是软实力，形象就是吸引力，形象就是竞争力，形象就是生产力。全方位建设模范自治区，在全面建设社会主义现代化国家新征程上书写内蒙古发展新篇章，必须把内蒙古壮美和美善美、可信可亲可爱的良好形象树立起来。要充分发挥内蒙古自然风光独特、民族风情独具、历史文化底蕴厚重、人民热情直爽豪放等优势，全力推进北疆文化建设、打造"北疆文化"品牌，全面展现内蒙古山美水美人更美的壮丽画卷，让内蒙古真善美的正面形象熠熠生辉，从而汇聚人气、增添活力，让内蒙古成为创新发展的沃土、要素集聚的磁场、投资兴业的宝地，为全力推进中国式现代化建设贡献内蒙古力量、体现内蒙古担当、展示内蒙古风采。

## 深度阅读

1. 习近平：《论党的自我革命》，中央文献出版社、党建读物出版社2023年版。

2. 中共中央党史和文献研究院、中央学习贯彻习近平新时代中国特色社会主义思想主题教育领导小组办公室：《习近平关于调查研究论述摘编》，党建读物出版社、中央文献出版社2023年版。

# 后　记

　　全方位建设模范自治区，办好这件大事，是对模范自治区崇高荣誉更有力、更深层、更持久的呵护，而且对于全方位展示党的领导和我国民族区域自治制度的显著优势，全方位展现新时代内蒙古的担当和作为，对于激励全区上下坚定不移沿着习近平总书记指引的方向前进，在中国式现代化建设中闯出新路来，具有重大而深远的意义。

　　全方位建设，总的目标是把模范体现在各个领域、各个方面，这是一个紧密联系、内在统一的整体。感党恩听党话、紧跟习近平总书记奋进新征程是做好内蒙古工作的根本政治前提，铸牢中华民族共同体意识是各项工作的主线，推进中国式现代化建设是内蒙古的中心任务，走向共同富裕是内蒙古矢志不渝的发展目标，兴边稳边固边是内蒙古责无旁贷的政治责任，联通国内国际双循环是内蒙古服务和融入新发展格局、拓展发展新空间的必然要求，弘扬新风正气是内蒙古各项事业发展的重要保障。

在本书编写过程中，得到了相关领域专家学者的大力支持。杨兴猛、李潇枫，何生海、倪萍，林海英、李文龙，李艳芬、杨永利，莎日娜、崔文静，金惠卿、陈迁影，德红英、张瑞（以负责章节为序）负责本书编写工作。王虎主持本书编写工作，审改了全部书稿。布和、杜婧、张铭参与了起草、修改和统稿等工作。王静、王曼、刘那日苏负责书稿的编辑、排版工作。

编写者水平有限，难免存在不足之处，恳请读者批评指正。

本书编写组

2024 年 6 月